汉 书

【东汉】班固/著　　孙建军/主编

吉林文史出版社

图书在版编目（CIP）数据

汉书 /（东汉）班固著. -- 长春 : 吉林文史出版社, 2016.12（2022.1重印）
（中国文化文学经典文丛 / 孙建军主编）
ISBN 978-7-5472-3084-8

Ⅰ. ①汉… Ⅱ. ①班… Ⅲ. ①中国历史－西汉时代－纪传体 Ⅳ. ①K234.104.2

中国版本图书馆CIP数据核字(2016)第134415号

HAN SHU
书　　名：汉　书

著　　者：班　固
主　　编：孙建军
责任编辑：高冰若
封面设计：高　雪
出版发行：吉林文史出版社
地　　址：长春市福祉大路5788号
邮　　编：130118
电　　话：0431-81629352
网　　址：www.jlws.com.cn
印　　刷：三河市燕春印务有限公司
开　　本：920mm×1280mm　1/16
印　　张：31
字　　数：320千字
版　　次：2017年1月第1版　2022年1月第2次印刷
书　　号：ISBN 978-7-5472-3084-8

定　　价：78.00元

目　录

武帝纪

汉武帝刘彻，公元前141年继位，公元前87年去世，在位时间长达五十四年。在位期间他加强皇权，颁行推恩令，制定左官律，削夺诸侯王权力；多次下诏令全国各郡县向朝廷推举贤才，还以策问等方式选拔人才，使董仲舒、公孙弘等一批贤才得进入朝廷，这对汉朝的发展产生了积极的影响。他改革币制，官营盐铁，实行均输、平准制度，并重视水利，治理黄河。武帝对国家的文化意识形态也很重视，他罢黜百家，尊崇儒家，“兴太学，修郊祀，改正朔，定历数，协音律，作诗乐，建封禅，礼百神，绍周后，号令文章”，使国家文化繁盛，同时也奠定了儒家思想在我国封建社会的正统地位。对外方面，武帝多次派军征伐匈奴，迫其远徙漠北；并派遣张骞等人通使西域，沟通了汉朝与西域各族的联系；又征服闽越、东瓯与南越，经营西南夷，设置郡县，实现了空前的大一统，大大扩展了中国的版图。总之，汉武帝是中国历史上杰出的人物，其文治武功，彪炳史册，永不磨灭。

班固以强烈的历史责任感，书写本篇，内容全面，文字简约，是反映汉武帝及其时代面貌的重要篇章。他盛称武帝“雄才大略”及其文武功业，刺其稍欠“恭俭”而美中不足，都较妥当而得体。

本篇按年号节选了汉武帝建元、元光、元朔、元狩、元鼎以及后元共计三十二年的纪事。

【原文】

孝武皇帝，景帝中子也，母曰王美人。年四岁立为胶东王。七岁为皇太子，母为皇后。十六岁，后三年正月，景帝崩。甲子，太子即皇帝位，尊皇太后窦氏曰太皇太后，皇后曰皇太后。三月，封皇太后同母弟田蚡、胜皆为列侯。

【译文】

孝武皇帝刘彻在景帝诸子中排行居中，母亲是王美人。武帝在四岁时被立为胶东王。七岁时被立为皇太子，他母亲被封为皇后。十六岁时，正值景帝后三年正月，景帝去世。甲子（正月二十七日），太子即皇帝位，推尊皇太后窦氏为太皇太后，皇后为皇太后。三月，武帝封皇太后的同母弟田蚡、田胜两人为列侯。

【原文】

建元元年冬十月，诏丞相、御史、列侯、中二千石、二千石、诸侯相举贤良方正直言极谏之士。丞相绾奏："所举贤良，或治申、商、韩非、苏秦、张仪之言，乱国政，请皆罢。"奏可。

【译文】

建元元年冬十月，武帝下诏命令丞相、御史、列侯、中二千石、二千石、诸侯相国推举贤良方正直言极谏之人。丞相卫绾上奏说："所推举贤良，若是陈说申不害、商鞅、韩非、苏秦、张仪的言论，扰乱国家政事，请一律免去。"武帝同意。

【原文】

春二月，赦天下，赐民爵一级。年八十复二算，九十复甲卒。行三铢钱。

【译文】

春二月，大赦天下，赏赐人民爵一级。对年满八十岁的免除家中二口人的赋税，年满九十的免除全家甲卒——革车之赋。发行三铢钱。

【原文】

夏四月己巳，诏曰："古之立教，乡里以齿，朝廷以爵，扶世导民，莫善于德。然则于乡里先耆艾，奉高年，古之道也。今天下孝子顺孙愿自竭尽以承其亲，外迫公事，内乏资财，是以孝心阙焉。朕甚哀之。民年九十以上，已有受鬻法，为复子若孙，令得身帅妻妾遂其供养之事。"

【译文】

建元元年夏四月己巳（初九），武帝下诏令说："古代立的规矩，乡里以年龄为准，朝廷以爵位为重，治理国家教化民众，要把德行置于重要位置。可以说在乡里中尊重长者，奉养老人，是古代的遗教。今日天下的孝子贤孙愿意尽心尽力赡养自己的长辈，然而他们外迫于公事繁忙，内乏于资财，因此是心有余而力不足。朕深为同情。百姓年龄在九十以上的，朝廷已有给其米粟以为糜粥的制度。现增加免除其子或孙的徭役这一新的法令，让他们率领妻子儿女履行奉养老人的职责。

【原文】

五月，诏曰：“河海润千里，其令祠官修山川之祠，为岁事，曲加礼。”

赦吴、楚七国帑输在官者。

秋七月，诏曰：“卫士转置送迎二万人，其省万人。罢苑马，以赐贫民。”

议立明堂。遣使者安车蒲轮，束帛加璧，征鲁申公。

【译文】

五月，下诏说：“河海润泽千里大地，可令祠官修建山川之神的祠庙，每年都举行祭祀活动，祭礼也要有所加益，更加隆重一些。”

赦免七国之乱中其首犯妻子没入为官家奴婢的罪行，予以遣返。

秋七月，下诏令说：“宫廷卫士去故置新常达两万人，省去一万人。开放朝廷养马的苑囿，以赐平民放牧采樵。”

议定建立帝王宣明政教的明堂。派遣使者用安稳舒适的车辆，携带着布帛与宝玉，征召鲁申公进朝。

【原文】

二年冬十月，御史大夫赵绾坐请毋奏事太皇太后，及郎中令王臧皆下狱，自杀。丞相婴、太尉蚡免。

春二月丙戌朔，日有蚀之。夏四月戊申，有如日夜出。

初置茂陵邑。

【译文】

建元二年冬十月，御史大夫赵绾由于奏请不要向太皇太后奏事获罪，与郎中令王臧都被囚禁入狱，后自杀。丞相窦婴、太尉田蚡被免职。

春二月丙戌，日偏食。夏四月戊申（二十四日），黑夜如同白昼。

开始设置茂陵邑。

【原文】

三年春，河水溢于平原，大饥，人相食。

赐徙茂陵者户钱二十万，田二顷。初作便门桥。

秋七月，有星孛于西北。

济川王明坐杀太傅、中傅废迁防陵。

闽越围东瓯，东瓯告急。遣中大夫严助持节发会稽兵，浮海救之。未至，闽越走，兵还。

九月丙子晦，日有蚀之。

【译文】

建元三年春，黄河水泛滥于平原县，民众受灾大饥，出现了人吃人的悲惨景象。

赏赐给迁移到茂陵的住户每户钱二十万、田地二顷。开始修建从长安到茂陵道路上横跨渭水的便门桥。

秋七月，有彗星出现于西北地区。

济川王刘明犯了杀害太傅、中傅的罪行被废掉，迁徙到房陵县。

闽越兵围困东瓯，东瓯向汉朝廷告急。武帝派遣中大夫严助持符节征调驻扎在会稽的军队，行船过海以救东瓯。兵未到东瓯，闽越军队撤走，汉军返还。

九月丙子晦（初二），出现日偏食。

【原文】

四年夏，有风赤如血。六月，旱。秋九月，有星孛于东北。

五年春，罢三铢钱，行半两钱。

置《五经》博士。

夏四月，平原君薨。

五月，大蝗。

秋八月，广川王越、清河王乘皆薨。

【译文】

建元四年夏天，有大风卷起滚滚红尘，其色如血一般红。六月，大旱。秋九月，有彗星出现在东北方。

建元五年春，废三铢钱，另发行半两钱。

设置《五经》博士。

夏四月，武帝外祖母平原君去世。

五月，发生严重的蝗虫灾害。

秋八月，广川王刘越、清河王刘乘皆去世。

【原文】

六年春二月乙未，辽东高庙灾。夏四月壬子，高园便殿火。上素服五日。

五月丁亥，太皇太后崩。

秋八月，有星孛于东方，长竟天。

闽越王郢攻南越。遣大行王恢将兵出豫章，大司农韩安国出会稽，击之。未至，越人杀郢降，兵还。

【译文】

建元六年春二月乙未（初三），辽东高帝庙发生火灾。夏四月壬子（二十一日），高园便殿失火。武帝穿了五天的素服以自责。

五月丁亥（二十六日），太皇太后去世。

秋八月的一天，有彗星出现在东方，长得以致划遍天空。

闽越王郢率兵攻打南越。武帝派大行王恢领兵出豫章郡，派大司农韩安国领兵出会稽，准备出击闽越。兵还未到，越人杀王郢投降，王恢、韩安国率兵返回。

【原文】

元光元年冬十一月，初令郡国举孝廉各一人。

卫尉李广为骁骑将军屯云中，中尉程不识为车骑将军屯雁门，六月罢。

夏四月，赦天下，赐民长子爵一级。复七国宗室前绝属者。

【译文】

元光元年冬十一月。开始令郡国推举孝廉，每郡一人。

卫尉李广为骁骑将军屯兵云中郡，中尉程不识为车骑将军屯兵雁门郡。六月开始收兵。

夏四月，大赦天下，赏赐百姓长子一级爵位。恢复吴、楚等七国宗室中被取消的继承权。

【原文】

五月，诏贤良曰："朕闻昔在唐虞，画象而民不犯，日月所烛，莫不率俾。周之成康，刑错不用，德及鸟兽，教通四海。海外肃昚，北发渠搜，氐羌徕服。星辰不孛，日月不蚀，山陵不崩，川谷不塞；麟凤在郊薮，河洛出图书。呜虖，何施而臻此与！今朕获奉宗庙，夙兴以求，夜寐以思，若涉渊水，未知所济。猗与伟与！何行而可以章先帝之洪业休德，上参尧舜，下配三王！朕之不敏，不能远德，此子大夫之所睹闻也。贤良明于古今王事之体，受策察问，咸以书对，著之于篇，朕亲览焉。"于是董仲舒、公孙弘等出焉。

秋七月癸未，日有蚀之。

【译文】

五月，武帝下诏策问贤良说朕听说："过去在尧、舜的时候，画不同颜色的衣服象征五刑，百姓就不犯罪，日月所照之处，没有不遵循法度尽职工作的。周朝的成王、康王，刑罚搁置不使用，恩德及于鸟兽，教令到达四方各地。海外到肃慎族，向北及至渠搜，以及西北的氐族、羌族都来臣服。没有出现过彗星，也没有日食、月食发生，大山不崩溃，河流山谷不堵塞；麒麟、凤凰停留在郊外的草泽中，黄河中的龙马带河图而出，洛水中的神龟负洛书而现。啊，究竟实施了什么方法而达到如此和谐完美的境界呀！如今，朕继承皇位奉祀宗庙，早起以求，静夜以思，犹如渡涉深水，还不知怎样才能到达彼岸。美好啊！伟大啊！怎样做才能弘扬先帝的大业与美德，向上追溯加人尧舜行列，往下追寻与三王相匹配！朕禀性愚钝，不能远施恩德，这是诸位大夫所耳闻目见的。贤良之士熟知古今王事的兴衰变化，受策查问，都请用文字写好，编辑成册，朕要亲自阅览。”于是，董仲舒、公孙弘等人便以策问的方式进入朝廷。

秋七月癸未（三十日），发生了日偏食。

【原文】

二年冬十月，行幸雍，祠五畤。

春，诏问公卿曰："朕饰子女以配单于，金币文绣赂之甚厚，单于待命加嫚，侵盗亡已。边境被害，朕甚闵之。今欲举兵攻之，何如？"大行王恢建议宜击。夏六月，御史大夫韩安国为护军将军，卫尉李广为骁骑将军，太仆公孙贺为轻车将军，大行王恢为将屯将军，太中大夫李息为材官将军，将三十万众屯马邑谷中，诱致单于，欲袭击之。单于入塞，觉之，走出。六月，军罢。将军王恢坐首谋不进，下狱死。

秋九月，令民大酺五日。

【译文】

元光二年冬十月，武帝驾临雍地，祭祀五帝。

春，武帝下诏问公卿说："朕打扮装饰美女与匈奴单于通婚，赏赐给他的金币绣帛也很丰厚，而单于承诏之后却表现得更加傲慢无礼，侵抢盗掠我汉朝边境没有休止，边境人民深受其害，朕深感不安。现在朕想发兵讨伐匈奴，公卿们以为如何？"大行王恢建议皇上应该出击。夏六月，皇帝命令御史大夫韩安国为护军将军、卫尉李广为骁骑将军、太仆公孙贺为轻车将军、大行王恢为将屯将军、太中大夫李息为材官将军，共率领三十万兵众屯扎在马邑谷中，想引诱单于从此谷中进塞，然后出其不意发起攻击。不料，单于入塞后，有所发觉，立即退出。六月，收兵返回朝中。将军王恢犯了“首谋不进”的罪过，被囚进监狱而死。

秋九月，武帝下诏令全国饮酒五日。

【原文】

三年春，河水徙，从顿丘东南流入勃海。

夏五月，封高祖功臣五人后为列侯。

河水决濮阳，泛郡十六。发卒十万救决河。

起龙渊宫。

【译文】

元光三年春，黄河改道，从顿丘东南流人渤海。

夏五月，下诏赐封汉高祖时的五个功臣的后代为列侯。黄河在濮阳决口，淹没十六个郡。调士卒十万堵决口救灾。

开始兴建龙渊宫。

【原文】

四年冬，魏其侯窦婴有罪，弃市。

春三月乙卯，丞相蚡薨。

夏四月，陨霜杀草。五月，地震。赦天下。

【译文】

元光四年冬，魏其侯窦婴犯罪，被诛杀并暴尸街头。

春三月乙卯（十七日），丞相田蚡去世。

夏四月，天下严霜冻坏了庄稼。五月，发生地震。大赦天下。

【原文】

五年春正月，河间王德薨。

夏，发巴蜀治南夷道，又发卒万人治雁门阻险。

秋七月，大风拔木。

乙巳，皇后陈氏废。捕为巫蛊者，皆枭首。

八月，螟。

征吏民有明当世之务、习先圣之术者，县次续食，令与计偕。

【译文】

元光五年春正月，河间王刘德去世。

夏，征调巴蜀地区的徭役修筑通往南夷的道路，又调动士卒一万余人修建雁门关隘。

秋七月，刮起大风，把树连根拔起。

乙巳（七月十四日），皇后陈氏被废。并逮捕使用巫蛊邪术煽惑人心扰乱朝纲的人，把他们都斩首了。

八月，发生螟虫灾害。

下诏征召官吏平民中有明白当时世务、深通先圣贤人道术的人到京城朝廷对策，沿途乡县供给饮食费用，命令他们与各郡国上计簿使一同进京。

【原文】

六年冬，初算商车。

春，穿漕渠通渭。

匈奴人上谷，杀略吏民。遣车骑将军卫青出上谷，骑将军公孙敖出代，轻车将军公孙贺出云中，骁骑将军李广出雁门。青至龙城，获首虏七百级。广、敖失师而还。诏曰："夷狄无义，所从来久。间者匈奴数寇边境，故遣将抚师。古者治兵振旅，因遭虏之方人，将吏新会，上下未辑。代郡将军敖、雁门将军广所任不肖，校尉又背义妄行，弃军而北，少吏犯禁。用兵之法：不勤不教，将率之过也；教令宣明，不能尽力，士卒之罪也。将军已下廷尉，使理正之，而又加法于士卒，二者并行，非仁圣之心。朕闵众庶陷害，欲刷耻改行，复奉正义，厥路亡繇。其赦雁门、代郡军士不循法者。"

夏，大旱，蝗。

六月，行幸雍。

秋，匈奴盗边。遣将军韩安国屯渔阳。

【译文】

元光六年冬，开始征收商人车船税。

春，开凿运河以沟通渭河便于漕运。

匈奴侵入上谷，杀害官吏、百姓，抢掠财物。朝廷派车骑将军卫青从上谷出兵，骑将军公孙敖从代郡出兵，轻车将军公孙贺从云中郡出兵，骁骑将军李广从雁门出兵。卫青到达龙城，斩杀了七百匈奴兵。李广、公孙敖因指挥失误折兵而还。皇帝下诏说："夷狄背信弃义，由来已久。往日匈奴多次侵犯我边境，所以派遣将领指挥前线将士迎敌出击。古代兵法是出则治兵，入则振旅。此次出兵，因匈奴突然入侵，我军将士刚会聚时间不长，上下尚不协调。而兵出代郡的将军公孙敖、兵出雁门的将军李广的部属素质低劣，校尉又违命盲目出动，以致弃军而逃，小吏犯禁。用兵之法：不注重加强战备与提高士气，是主将的过失；已经三令五申，而不能尽力作战，是士卒的罪过。将军已交付廷尉，按法论罪，如果对一般士卒也要绳之以法，使将军与士卒并受处罚，那就不是仁圣之心了。朕同情普通士卒受到牵连，他们即使想立功赎罪，重新杀敌保卫国家，也没有条件和机会了。因此赦免代郡、雁门两军中的犯有一般违纪错误的士卒。"

夏天，大旱，并发生了蝗虫灾害。

六月，武帝驾临雍地。

秋天，匈奴又侵犯边境。武帝派遣将军韩安国带兵屯扎渔阳郡守边。

【原文】

元朔元年冬十一月，诏曰："公卿大夫，所使总方略，壹统类，广教化，美风俗也。夫本仁祖义，褒德禄贤，劝善刑暴，五帝三王所繇昌也。朕夙兴夜寐，嘉与宇内之士臻于斯路。故旅耆老，复孝敬，选豪俊，讲文学，稽参政事，祈进民心，深诏执事，兴廉举孝，庶几成风，绍休圣绪。夫十室之邑，必有忠信；三人并行，厥有我师。今或至阖郡而不荐一人，是化不下究，而积行之君子雍于上闻也。二千石官长纪纲人伦，将何以佐朕烛幽隐，劝元元，厉蒸庶，崇乡党之训哉？且进贤受上赏，蔽贤蒙显戮，古之道也。其与中二千石、礼官、博士议不举者罪。"有司奏议曰："古者，诸侯贡士，壹适谓之好德，再适谓之贤贤，三适谓之有功，乃加九锡不贡士，壹则黜爵，再则黜地，三而黜爵地毕矣。夫附下罔上者死，附上罔下者刑，与闻国政而无益于民者斥，在上位而不能进贤者退，此所以劝善黜恶也。今诏书昭先帝圣绪，令二千石举孝廉，所以化元元，移风易俗也。不举孝，不奉诏，当以不敬论。不察廉，不胜任也，当免。"奏可。

十二月，江都王非薨。

【译文】

元朔元年冬十一月，武帝下诏说："公卿大夫，被委任的职责是制定方针战略，统一行政措施，宣传推广朝廷德政教化，美善社会风俗。要以仁义为基准，来褒扬有德之士，任用贤良之才，激扬从善之风，惩治不法之徒，这是五帝三王之所以昌盛的经验。朕朝思暮想希望和天下有志之士共同走上这条康庄大道。因此嘉惠老人，优待孝敬老人的人，选拔才能卓越的人，宣讲文章之学，共商国政大计，祈求能符民望，多次诏令主事官员，提倡并推举孝廉，以致蔚然成风，以继承先圣美好伟大的业绩。有十户人家的小镇，必有忠信的人；三人一路同行，其中就有值得我学习的。现在有的郡竟没有一个贤良上荐给朝廷，这是朝廷的教化没有深入地贯彻执行，而具有孝廉之行的君子之义不能上闻于朝廷。二千石官是主掌诏令推行与人才推举的，如此将怎样辅佐朕以了解下情，关心百姓，激励庶民，以树立尊老重贤的社会风气呢？何况进荐贤良受朝廷奖赏，遮蔽贤良受惩罚，这是古代的原则。我请中二千石、礼官、博士讨论对不举荐贤良的郡县官吏应治以何罪。"朝中执事官员上奏建议说："古代，诸侯向天子推荐人才，第一次推举了人才称为品德好，第二次推举了人才称为贤明，第三次推举人才称为有功，朝廷对他进行崇高的奖赏；诸侯如不向朝廷推举人才，第一次废除爵位，第二次削夺领地，第三次爵位和领地全部削夺。勾结于下而欺罔君上的处死，谄媚于上而欺骗臣民的加重刑罚，参与国政而不为民谋利者罢斥，在上位而不能推荐贤人者贬退，这就是劝善惩恶的措施。今日诏书要求发扬先代帝王的举贤选能的传统，令郡守县令推荐孝廉贤才，是为了教化人民，移风易俗。对于那些对举贤诏令置若罔闻的、不执行的官吏，当以不敬罪论处。不能发现贤才，就是不称职，应该免去官职。”上奏建议被批准。

十二月，江都王刘非去世。

【原文】

春三月甲子，立皇后卫氏。诏曰：“朕闻天地不变，不成施化；阴阳不变，物不畅茂。《易》曰‘通其变，使民不倦’。《诗》云‘九变复贯，知言之选’。朕嘉唐虞而乐殷周，据旧以鉴新。其赦天下，与民更始。诸逋贷及辞讼在孝景后三年以前，皆勿听治。”

秋，匈奴入辽西，杀太守；入渔阳、雁门，败都尉，杀略三千余人。遣将军卫青出雁门，将军李息出代，获首虏数千级。

东夷薉君南闾等口二十八万人降，为苍海郡。

鲁王馀、长沙王发皆薨。

【译文】

春三月甲子（十三日），立皇后卫氏。武帝下诏说：“朕听说天地不变动，施化不成。阴阳不变，万物不会茂盛。《易》说：‘因势变通，人民的精神才会振作。’《诗》说：‘通天地之变而不失道，择善而从。’朕欣赏唐、虞而喜欢殷、周，愿汲取历史的经验教训以为借鉴。现在大赦天下，与万民重新开始。有的犯了罪畏罪潜逃及拖欠官物而被起诉，事出在孝景帝后三年以前的，都免予处理。”

秋，匈奴攻入辽西郡，杀死辽西太守；又攻人渔阳、雁门，打败都尉，杀掠三千余人。于是武帝派遣将军卫青从雁门出兵，将军李息从代郡出兵，斩获敌首数千级。

东夷薉君南闾等率领臣民二十八万余人归顺汉朝，汉朝在东方设立苍海郡。

鲁王刘馀、长沙王刘发都去世。

【原文】

二年冬，赐淮南王、菑川王几杖，毋朝。

春正月，诏曰：“梁王、城阳王亲慈同生，愿以邑分弟，其许之。诸侯王请与子弟邑者，朕将亲览，使有列位焉。”于是藩国始分，而子弟毕侯矣。

匈奴入上谷、渔阳，杀略吏民千余人。遣将军卫青、李息出云中，至高阙，遂西至符离，获首虏数千级。收河南地，置朔方、五原郡。

三月乙亥晦，日有蚀之。

夏，募民徙朔方十万口。又徙郡国豪杰及訾三百万以上于茂陵。

秋，燕王定国有罪，自杀。

【译文】

元朔二年冬，赏赐淮南王、菑川王几杖，免于进京朝见。

春正月，武帝下诏说：“梁王、城阳王是我的同胞亲爱兄弟，我愿以食邑分封二弟，请二弟接受。各诸侯王要将自己的食邑分封给兄弟的，朕将亲自审阅名单，使其有列侯之位。”于是原来的藩国又划分了一些食邑，侯王子弟全部被封为侯。

匈奴侵入上谷、渔阳，杀害掠夺官吏民众一千余人。武帝派遣将军卫青、李息带兵从云中郡出发，到达高阙，接着又向西行进到符离塞，斩获敌首数千级。收复河南地，设置了朔方、五原两郡。

三月乙亥（初三），发生了日偏食。

夏，招募民众十万人迁徙到朔方郡。又迁移郡国中有地位有势力者以及资产在三百万以上的民户到茂陵。

秋，燕王刘定国犯罪，自杀。

【原文】

三年春，罢苍海郡。三月，诏曰："夫刑罚所以防奸也，内长文所以见爱也；以百姓之未洽于教化，朕嘉与士大夫日新厥业，祇而不解。气其赦天下。"

夏，匈奴入代，杀太守；入雁门，杀略千余人。

六月庚午，皇太后崩。

秋，罢西南夷，城朔方城。令民大酺五日。

【译文】

元朔三年春，废除苍海郡建制。三月，下诏说："刑罚是用来防止作奸犯科的，尊崇文德是用来显示重才爱才的；当今老百姓尚未在文德教化中达到融洽相处，朕愿与士大夫们每日更新汉家帝业，恭谨而不懈怠。可赦天下。"

夏，匈奴侵入代郡，杀死太守；又侵人雁门，杀死掠夺一千余人。

六月庚午（初二），皇太后去世。

秋，免除对西南夷的征讨，修筑朔方城。下令全国百姓宴饮五天以示慰劳。

【原文】

四年冬，行幸甘泉。

夏，匈奴入代、定襄、上郡，杀略数千人。

【译文】

元朔四年冬，皇帝巡幸到甘泉宫。

夏，匈奴侵入代、定襄、上郡三郡，杀害掠夺数千人。

【原文】

五年春，大旱。大将军卫青将六将军兵十余万人出朔方、高阙，获首虏万五千级。

夏六月，诏曰："盖闻导民以礼，风之以乐，今礼坏乐崩，朕甚闵焉。故详延天下方闻之士，咸荐诸朝。其令礼官劝学，讲议洽闻，举遗兴礼，以为天下先。太常其议予博士弟子，崇乡党之化，以厉贤材焉。"丞相弘请为博士置弟子员，学者益广。

秋，匈奴入代，杀都尉。

【译文】

元朔五年春，发生大旱灾。大将军卫青率领六名将军及士兵十余万人从朔方、高阙出塞，斩获匈奴首级一万五千余。

夏六月，武帝下诏说："曾闻教导人民以礼，陶冶教化人民以乐，如今礼坏乐崩，朕甚为惋惜。所以要把天下博闻之士全部请来，都举荐给朝廷。现命令礼官主持讲学，广征博引，举遗漏之文，兴被坏之礼，以为天下榜样。太常官应考虑商议将参加此次学礼的有道之士置为博士弟子，这样既可以崇教化于乡里，又可以奖励贤才。”丞相公孙弘奏请为博士设置弟子生员，学礼的人更加多了。

秋，匈奴侵入代郡，杀死都尉。

【原文】

六年春二月，大将军卫青将六将军兵十余万骑出定襄，斩首三千余级。还，休士马于定襄、云中、雁门。赦天下。

夏四月，卫青复将六将军绝幕，大克获。前将军赵信军败，降匈奴。右将军苏建亡军，独身脱还，赎为庶人。

六月，诏曰："朕闻五帝不相复礼，三代不同法，所繇殊路而建德一也。盖孔子对定公以徕远，哀公以论臣，景公以节用，非期不同，所急异务也。今中国一统而北边未安，朕甚悼之。日者大将军巡朔方，征匈奴，斩首虏万八千级，诸禁锢及有过者，咸蒙厚赏，得免减罪。今大将军仍复克获，斩首虏万九千级，受爵赏而欲移卖者，无所流貤。其议为令。"有司奏请置武功赏官，以宠战士。

【译文】

元朔六年春二月，大将军卫青率领六名将军及士兵十余万骑从定襄郡出发，斩首三千余人。回师，兵马在定襄、云中、雁门三地休整。大赦天下。

夏四月，卫青再次率领六名将军和士兵穿过匈奴南界沙漠，大获全胜。前将军赵信军败，投降匈奴。右将军苏建全军溃散，只身逃回，赎罪为平民。

六月，武帝下诏说：“我听说五帝不沿用过去的陈规，三代不相袭前代的法度，他们所处的历史时代虽然不同但是建立的德政却是一致的。古时，孔子对鲁定公问政答以‘悦近徕远’，对鲁哀公问政答以‘政在选贤’对齐景公问政答以‘政在节财’，这不是要求不同，而是视具体情况而决定当务之急。如今中国实现了一统，而北部边境还不安定，朕甚为怀念挂心。前不久大将军卫青巡行朔方郡，征伐匈奴，斩敌首一万八千级，一些被囚禁及犯有罪过的，都蒙受了前线胜利之赏，得以免罪减罪。如今大将军卫青又一次大获全胜，战绩辉煌，斩敌首一万九千级，此次主动受爵赏而欲移卖的，如不按差次就不得转赠。可按此制定法规。”有关官员奏请武帝设置武功赏官，以奖励战士。

【原文】

元狩元年冬十月，行幸雍，祠五畤。获白麟，作《白麟之歌》。

十一月，淮南王安、衡山王赐谋反，诛。党与死者数万人。

十二月，大雨雪，民冻死。

夏四月，赦天下。

【译文】

元狩元年冬十月，武帝驾临雍地，祭祀五帝。获得白麒麟，作《白麟之歌》。

十一月，淮南王刘安和衡山王刘赐谋反，被处死。处死的党羽多达几万人。

十二月，下大雪，一些平民被冻死。

夏四月，大赦天下。

【原文】

丁卯，立皇太子。赐中二千石爵右庶长，

民为父后者一级。诏曰："朕闻咎繇对禹，曰在知人，知人则哲，惟帝难之。盖君者心也，民犹支体，支体伤则心憯怛。日者淮南、衡山修文学，流货赂，两国接壤，怵于邪说，而造篡弑，此朕之不德。《诗》云：'忧心惨惨，念国之为虐。'已赦天下，涤除与之更始。朕嘉孝弟力田，哀夫老眊孤寡鳏独或匮于衣食，甚怜愍焉。其遣谒者巡行天下，存问致赐。曰：'皇帝使谒者赐县三老、孝者帛，人五匹；乡三老、弟者、力田帛，人三匹；年九十以上及鳏寡孤独帛，人二匹，絮三斤；八十以上米，人三石。有冤失职，使者以闻。县、乡即赐，毋赞聚。'"

五月乙已晦，日有蚀之。

匈奴人上谷，杀数百人。

【译文】

四月丁卯（二十一日），立皇太子。赐中二千石爵右庶长，赐继其父后为家长的爵一级。武帝下诏说："朕听说皋陶对禹，在于知人善任，能知人的才是贤哲，圣贤的尧帝还认为知人甚难。大凡君王好比人身的心脏，人民如同肢体，肢体受伤则心脏惨痛。以前淮南王与衡山王修讲文学，交流货币，两国接壤，被邪说所利诱，而起篡逆之心，这表明了朕的无德。《诗经》上说：‘忧心惨惨，悼念国家发生的灾难。’已经大赦天下，清除余毒而弃旧图新。朕奖励孝悌和那些用心耕田的人，关心年老及孤独无靠者，对于缺衣少食者，甚为同情。现派专使巡行天下，进行慰问和赏赐。诏令说：‘皇帝派专使赏赐县三老、孝子布帛，每人五匹；赏赐乡三老、尊敬兄长的人、用心耕田的人布帛，每人三匹；赏赐九十岁以上的，以及孤独无靠者，每人布帛二匹，棉絮三斤；对八十以上的，每人赐米三石。蒙受冤屈失掉常业的，专使要向上级报告解决。县乡要即时就地赏赐，不要进行会聚而延误赏期。’”

五月乙巳（三十日），发生日偏食。

匈奴侵入上谷，杀害数百人。

【原文】

二年冬十月，行幸雍，祠五畤。

春三月戊寅，丞相弘薨。

遣骠骑将军霍去病出陇西，至皋兰，斩首八千余级。

夏，马生余吾水中。南越献驯象、能言鸟。

将军去病、公孙敖出北地二千余里，过居延，斩首虏三万余级。

匈奴入雁门，杀略数百人。遣卫尉张骞、郎中令李广皆出右北平。广杀匈奴三千余人，尽亡其军四千人，独身脱还，及公孙敖、张骞皆后期，当斩，赎为庶人。

江都王建有罪，自杀。胶东王寄薨。

秋，匈奴昆邪王杀休屠王，并将其众合四万余人来降，置五属国以处之。以其地为武威、酒泉郡。

【译文】

元狩二年冬十月，武帝巡幸至雍地，祭祀五帝。

春三月戊寅（初八），丞相公孙弘去世。

派遣骠骑将军霍去病出兵陇西，到达皋兰山，杀敌八千余人。

夏，有马生在余吾水中。南越进献驯象和鹦鹉。

将军霍去病、公孙敖率兵出北地两千余里，经过居延县，杀敌三万余人。

匈奴侵入雁门，杀害掠夺数百人。派遣卫尉张骞、郎中令李广都出兵右北平郡。李广杀匈奴三千余人，而自己的军队四千人都亡失，只身脱险逃回；公孙敖、张骞都不是按期到达，依法当斩，赎罪为平民。

江都王刘建获罪，自杀。胶东王刘寄去世。

秋，匈奴昆邪王杀死休屠王，并且率其部众四万余人前来投降，设置五个属国进行安置。把这些地区划分为武威郡、酒泉郡。

【原文】

三年春，有星孛于东方。夏五月，赦天下。立胶东康王少子庆为六安王。封故相萧何曾孙庆为列侯。

秋，匈奴人右北平、定襄，杀略千余人。

遣谒者劝有水灾郡种宿麦。举吏民能假贷贫民者以名闻。

减陇西、北地、上郡戍卒半。

发谪吏穿昆明池。

【译文】

元狩三年春，彗星出现在东方。夏五月，大赦天下。立胶东康王的小儿子刘庆为六安王。封故丞相萧何的曾孙萧庆为列侯。

秋天，匈奴侵人右北平郡、定襄郡，杀害掠夺一千余人。

派遣专使到受水灾的郡县劝导民众种植冬小麦。推举官员、百姓中能借贷给贫民钱粮的，把名单上报朝廷。

把陇西郡、北地郡、上郡的戍边兵卒减少一半。

征调有罪而被罚服役的官员开凿昆明池。

【原文】

四年冬，有司言关东贫民徙陇西、北地、西河、上郡、会稽凡七十二万五千口，县官衣食振业，用度不足，请收银锡造白金及皮币以足用。初算缗钱。

春，有星孛于东北。

夏，有长星出于西北。

大将军卫青将四将军出定襄，将军去病出代，各将五万骑。步兵踵军后数十万人。青至幕北围单于，斩首万九千级，至阗颜山乃还。去病与左贤王战，斩获首虏七万余级，封狼居胥山乃还。两军士死者数万人。前将军广、后将军食其皆后期。广自杀，食其赎死。

【译文】

元狩四年冬，专管官员上报说关东平民迁移到陇西、北地、西河、上郡、会稽五郡的共七十二万五千人，县官要供给其衣食并组织生产，用度不足请求收集银、锡铸造白金钱币及制造白鹿皮币以满足国家用度。开始实行对商人和手工业者的物值收取赋税即算缗。

春，有彗星出现于东北方。

夏，有长星出现于西北地区。

大将军卫青率领四位将军以及兵卒从定襄出发，将军霍去病从代地出发，各统领五万骑兵。跟随于骑兵后的步兵又有数十万人。卫青到漠北围困匈奴单于王，斩敌首一万九千级，到达阗颜山回师。霍去病与匈奴左贤王战斗，斩敌首七万余级，在狼居胥山刻石纪功而回。两军战死者数万人。前将军李广、后将军赵食其都未能按期到达阵地。李广自杀，赵食其赎回死罪。

【原文】

五年春三月甲午，丞相李蔡有罪，自杀。

天下马少，平牡马匹二十万。

罢半两钱，行五铢钱。

徙天下奸猾吏民于边。

【译文】

元狩五年春三月甲午（十一日），丞相李蔡有罪，自杀。

天下马少，平牡马价，每匹马二十万钱。

废半两钱，发行五铢钱。

迁徙国内奸猾的官吏和平民到边疆去居住。

【原文】

六年冬十月，赐丞相以下至吏二千石金，千石以下至乘从者帛，蛮夷锦各有差。

雨水亡冰。

夏四月乙巳，庙立皇子闳为齐王，旦为燕王，胥为广陵王。初作诰。

六月，诏曰："日者有司以币轻多奸，农伤而末众，又禁兼并之涂，故改币以约之。稽诸往古，制宜于今。废期有月，而山泽之民未谕。夫仁行而从善，义立则俗易，意奉宪者所以导之未明与？将百姓所安殊路，而挢虔吏因乘势以侵蒸庶邪？何纷然其扰也！今遣博士大等六人分循行天下，存问鳏寡废疾，无以自振业者贷与之。谕三老孝弟以为民师，举独行之君子，征诣行在所。朕嘉贤者，乐知其人。广宣厥道，士有特招，使者之任也。详问隐处亡位，及冤失职，奸猾为害，野荒治苛者，举奏。郡国有所以为便者，上丞相、御史以闻。"

秋九月，大司马骠骑将军去病薨。

【译文】

元狩六年冬十月，赏赐丞相以下至二千石的官吏金，赏赐千石以下至乘骑侍从布帛，赏赐蛮夷各首领以锦有差等。

冬季降水无冰雪。

夏四月乙巳（二十九日），在宗庙立皇子刘闳为齐王、刘旦为燕王、刘胥为广陵王。开始作封拜王侯的策文——诰。

六月，武帝下诏说："前不久专管官员认为钱币重量轻且多有伪造，伤害了农业生产者，而从事手工业和商业的人增加，为了禁止大家富户兼并弱小贫民，抑制贫富悬殊，所以改革币制以制约奸邪与兼并。这是汲取历史的经验所制定的适合于当前的货币政策。而废半两钱宣布已一年多了，偏远地区百姓仍不明白告示之意。上面实行良政下面就应该从善，上面确立了正义下面就可以改变社会风俗，而当前币制受阻，是地方官吏的宣传引导不够明确呢？还是百姓的理解不同，让那些妄托上命的奸邪之辈得以乘机侵犯百姓的利益呢？为何如此的纷纷扰扰！现在朕派遣博士褚大等六人分别巡察天下，慰问鳏、寡、残疾人，对无法自谋职业的给予借贷支持。诏谕天下任命三老、孝悌的人为民师，推举品行高洁的君子，应征到皇上所在之处。朕尊重贤者，很高兴见到和认识这些人。要广泛宣传一条原则，就是对于有特殊才能，高尚品德者可以特招，这是巡察使者的责任。要详细查问被埋没而未被任用、蒙受冤屈而失去正常职业的人，对于奸邪为害，田野荒芜与苛政害民的人与事，要向朝廷举报。郡国认为可以方便于民众的一些意见，要上报给丞相、御史。”

秋九月，大司马骠骑将军霍去病去世。

【原文】

元鼎元年夏五月，赦天下，大酺五日。

得鼎汾水上。

济东王彭离有罪，废徙上庸。

【译文】

元鼎元年夏五月，大赦天下，下令全国欢庆宴饮五天。

在汾水边得到宝鼎。

济东王刘彭离有罪，废官迁徙到上庸县。

【原文】

二年冬十一月，御史大夫张汤有罪，自杀。十二月，丞相青翟下狱死。

春，起柏梁台。

三月，大雨雪。夏，大水，关东饿死者以千数。

秋九月，诏曰："仁不异远，义不辞难，今京师虽未为丰年，山林池泽之饶与民共之。今水潦移于江南，迫隆冬至，朕惧其饥寒不活。江南之地，火耕水耨，方下巴蜀之粟致之江陵，遣博士中等分循行，谕告所抵，无令重困。吏民有振救饥民免其厄者，具举以闻。"

【译文】

元鼎二年冬十一月，御史大夫张汤有罪，自杀。十二月，

丞相庄青翟犯罪被囚进监狱死亡。

春，开始建造柏梁台。

三月，下大雪。夏，发生大水灾，关东饿死的达千人。

秋九月，武帝下诏说："远近如一为仁，不怕艰难

为义。今年京师虽然没有获得丰收，但山林、池泽的财富资源应与百姓共享。当前水涝之灾移到江南，寒冬就要到来，朕担忧江南百姓饥寒交迫。江南地区，火耕水耨，刚刚从巴蜀运粟米粮食到江陵，派遣博士中等人分别到各地巡视检查，告知灾民蜀粮已到，不要加重百姓负担，使他们困苦。官吏和百姓有能救济灾民使灾民摆脱饥寒困境的，要将其事迹详报朝廷。”

【原文】

三年冬，徙函谷关于新安。以故关为弘农县。

十一月，令民告缗者以其半与之。

正月戊子，阳陵园火。夏四月，雨雹，关东郡国十余饥，人相食。

常山王舜薨。子勃嗣立，有罪，废徙房陵。

【译文】

元鼎三年冬，把函谷关向东迁移到了新安县。原关址为弘农县。

十一月，下令凡揭发偷漏赋税的人以被告之财的一半作为奖赏。

正月戊子，阳陵园失火。夏四月，下冰雹，关东十多个郡国发生饥荒，出现了人吃人的现象。

常山王刘舜去世。其子刘勃继立，有罪，废王位并迁徙到房陵县。

【原文】

四年冬十月，行幸雍，祠五畤。赐民爵一级，女子百户牛酒。行自夏阳，东幸汾阴。十一月甲子，立后土祠于汾阴脽上。礼毕，行幸荥阳。还至洛阳，诏曰："祭地冀州，瞻望河洛，巡省豫州，观于周室，邈而无祀。询问耆老，乃得孽子嘉。其封嘉为周子南君，以奉周祀。"

春二月，中山王胜薨。

夏，封方士栾大为乐通侯，位上将军。

六月，得宝鼎后土祠旁。秋，马生渥洼水中。作《宝鼎》、《天马》之歌。

立常山宪王子商为泗水王。

【译文】

元鼎四年冬十月，武帝驾临雍地，祭祀五帝庙。赏赐百姓爵位一级，受爵者之妻每一百户宰食牛一头、赏酒若干斗。从夏阳出行，向东驾临汾阴。十一月甲子（初八），在汾阴高丘上建后土祠。礼仪完毕后，巡幸荥阳。返回到洛阳后，下诏说："在冀州祭祀土地神，瞻望黄河、洛水，巡视豫州，在周王室旧址观览，周庙已久绝祭祀了。询问当地老人，访得周王室后代姬嘉。现封姬嘉为周子南君，以继承周的祭祀。”

春二月，中山王刘胜去世。

夏，封方士栾大为乐通侯，爵位相当于上将军。

六月，在后土祠旁边挖出宝鼎。秋，据说马生渥洼水中。遂作《宝鼎》、《天马》之歌庆祝。

立常山宪王之子刘商为泗水王。

【原文】

五年冬十月，行幸雍，祠五畤。遂逾陇，登空同，西临祖厉河而还。

十一月辛巳朔旦，冬至。立泰畤于甘泉。天子亲郊见，朝日夕月。诏曰："朕以眇身托于王侯之上，德未能绥民，民或饥寒，故巡祭后土以祈丰年。冀州脽壤乃显文鼎，获荐于庙。渥洼水出马，朕其御焉。战战兢兢，惧不克任，思昭天地，内惟自新。《诗》云：'四牡翼翼，以征不服。'亲省边垂，用事所极。望见泰一，修天文禅。辛卯夜，若景光十有二明。'《易》曰：'先甲三日，后甲三日。'朕甚念年岁未咸登，饬躬斋戒，丁酉，拜况于郊。"

【译文】

元鼎五年冬十月，武帝驾临雍地，祭祀五帝庙。接着越过陇山，登空同山，向西走到祖厉河而返回。

十一月辛巳（初一），冬至，立泰峙于甘泉县。天子亲自祭祀，早晨向东拜日，晚上向西南拜月。武帝下诏说："朕以细末微小之身托于王侯之上，德未能安民，百姓还难免于遭受饥寒，所以巡查祭祀后土神以祈求丰年。在冀州后土祠旁发现文鼎，进献于祖庙，渥洼水中所出之马，为朕驾用。战战兢兢，深恐不能胜任，要想昭明天地之德，必须不断自省更新。《诗》说：‘四马并驾齐驱，以征讨不服之地。’我在巡守边陲时，所到之处也必行祭礼。望见泰一，遂修建天文坛。十一月辛卯夜间，有像日光一样的十二道闪光。《易》说：‘先甲三日应自新（辛），后甲三日应叮（丁）咛。’朕甚念今年没有全部丰收，就严肃恭敬地斋戒，在后甲三日丁酉，举行郊祭以感激天赐光明。”

【原文】

夏四月，南越王相吕嘉反，杀汉使者及其王、王太后。赦天下。

丁丑晦，日有蚀之。

秋，蛙、蝦蟆斗。

遣伏波将军路博德出桂阳，下湟水；楼船将军杨僕出豫章，下浈水；归义越侯严为戈船将军，出零陵，下离水；甲为下濑将军，下苍梧。皆将罪人，江淮以南楼船十万人，越驰义侯遗别将巴蜀罪人，发夜郎兵，下牂柯江，咸会番禺。

九月，列侯坐献黄金酎祭宗庙不如法夺爵者百六人，丞相赵周下狱死。乐通侯栾大坐诬罔要斩。

西羌众十万人反，与匈奴通使，攻故安，围枹罕。匈奴人五原，杀太守。

【译文】

夏四月，南越国丞相吕嘉谋反，杀死汉朝派驻南越的使者及南越王、王太后。大赦天下。

四月丁丑（三十日），发生日偏食。

秋，青蛙、蛤蟆争斗。

武帝派遣伏波将军路博德带兵从桂阳出发，向湟水挺进；楼船将军杨仆带兵从豫章出发，向浈水进军；归义越侯严为戈船将军，带兵从零陵出发，向离水进军；甲为下濑将军，进军苍梧。都率领罪人，江淮以南以大战船载十万人，越驰义侯遗另外率领巴蜀罪人，并向夜郎征发兵士，从牂柯江进军，各路大军都会聚于番禺。

九月，列侯因犯进献奠祭宗庙的黄金质量不好或数量不够的罪名，被削爵为民的达一百零六人，丞相赵周纠责不力被囚入狱死亡。乐通侯栾大犯造谣惑众欺君罔上之罪被腰斩。

西羌兵众十万人谋反，与匈奴通使交往，兵攻故安县，并围困枹罕县。匈奴也侵入五原郡，杀死太守。

【原文】

六年冬十月，发陇西、天水、安定骑士及中尉，河南、河内卒十万人，遣将军李息、郎中令徐自为征西羌，平之。

行东，将幸缑氏，至左邑桐乡，闻南越破，以为闻喜县。春，至汲新中乡，得吕嘉首，以为获嘉县。驰义侯遗兵未及下，上便令征西南夷，平之。遂定越地，以为南海、苍梧、郁林、合浦、交阯、九真、日南、珠厓、儋耳郡。定西南夷，以为武都、牂柯、越巂、沈黎、文山郡。

秋，东越王馀善反，攻杀汉将吏。遣横海将军韩说、中尉王温舒出会稽，楼船将军杨仆出豫章击之。又遣浮沮将军公孙贺出九原，匈河将军赵破奴出令居，皆二千余里，不见虏而还。乃分武威、酒泉地置张掖、敦煌郡，徙民以实之。

【译文】

元鼎六年冬十月，征发陇西、天水、安定各郡县骑兵及中尉，河南、河内两郡的兵卒十万人，派遣将军李息、郎中令徐自为征讨西羌，平息了叛乱。

武帝东巡，将要驾临缑氏县，到左邑县桐乡时，闻报南越叛兵已被打败，就改此地为“闻喜县”。春，驾至汲县新中乡，得到越叛相吕嘉的首级，就改此地为“获嘉县”。驰义侯遗带兵尚未撤回，武帝即命令他移师征讨西南夷，平定了越地。于是划定南越区域，设置南海、苍梧、郁林、合浦、交阯、九真、日南、珠厓、儋耳九郡。西南夷平定后，划分为武都、牂柯、越巂、沈黎、文山五郡。

秋，东越王馀善造反，攻杀汉朝将吏。朝廷派遣横海将军韩说、中尉王温舒带兵从会稽出发，及楼船将军杨仆带兵出豫章共同攻击东越王。又派遣浮沮将军公孙贺带兵从九原出发，匈河将军赵破奴率兵从令居出发，都远征两千余里，不见匈奴兵马而回师。于是分武威、酒泉两郡的部分地区设置张掖、敦煌两郡，并迁徙内地的人民充实这两郡。

【原文】

后元元年春正月，行幸甘泉，郊泰畤，遂幸安定。

昌邑王髆薨。

二月，诏曰："朕郊见上帝，巡于北边，见群鹤留止，以不罗罔，靡所获献。荐于泰畤，光景并见。其赦天下。"

夏六月，御史大夫商丘成有罪自杀。侍中仆射莽河罗与弟重合侯通谋反，侍中驸马都尉金日磾、奉车都尉霍光、骑都尉上官桀讨之。

秋九月，地震，往往涌泉出。

【译文】

后元元年春正月，皇帝巡幸至甘泉，祭祀太一神庙，然后驾临安定郡。

昌邑王刘髆去世。

二月，武帝下诏说："朕祭祀天神时见到上帝，在北边巡狩时，见群鹤栖息停留，当时不是网罗捕杀之期，就没有进行弋猎。祭祀太一神庙时，灵光与神影同时出现。因此赦免天下罪人。"

夏六月，御史大夫商丘成有罪自杀。侍中仆射莽何罗与弟重合侯莽通谋反，侍中驸马都尉金日磾、奉车都尉霍光、骑都尉上官桀合兵攻讨。

秋九月，地震，常有岩浆涌出。

【原文】

二年春正月，朝诸侯王于甘泉宫，赐宗室。

二月，行幸盩厔五柞宫。乙丑，立皇子弗陵为皇太子。丁卯，帝崩于五柞宫，入殡于未央宫前殿。三月甲申，葬茂陵。

【译文】

后元二年春正月，武帝在甘泉宫召见各诸侯王，赏赐宗室。

二月，驾临盩厔县五柞宫。乙丑（十二日），立皇子刘弗陵为皇太子。丁卯（十四日），武帝驾崩于五柞宫，在未央宫前殿入殡。三月甲申（初二），安葬在茂陵。

【原文】

赞曰：汉承百王之弊，高祖拨乱反正，文景务在养民，至于稽古礼文之事，犹多阙焉。孝武初立，卓然罢黜百家，表章《六经》。遂畴咨海内，举其俊茂，与之立功。兴太学，修郊祀，改正朔，定历数，协音律，作诗乐，建封禅，礼百神，绍周后，号令文章，焕焉可述。后嗣得遵洪业，而有三代之风。如武帝之雄材大略，不改文景之恭俭以济斯民，虽《诗》、《书》所称，何有加焉！

【译文】

赞说：汉朝始建于群雄逐鹿的动乱时期，汉高祖拨乱反正，文帝、景帝把休养生息的养民之事作为首务，对于稽古礼文的事业，还缺乏建树。汉武帝初期，毅然罢黜百家，独尊儒术，大力推广《六经》。兼谋众人，举荐贤才，给他们建功立业的机会。兴太学，修郊祀，改正朔，定历数，协音律，作诗乐，建封禅，礼百神，继承周朝之后，号令文章，焕然可述。后嗣能遵循此伟业，而有夏、商、周三代之风。以武帝这样的雄才大略，如能沿袭文帝、景帝的恭俭来治理朝政、管理万民，就是《诗》、《书》上所称道的帝王也是不能超过他的。

【注释】

孝武皇帝：刘彻，景帝之子，王氏所生。

王美人：汉武帝刘彻之母。王氏之母臧儿，初为王钟妻，后改嫁田氏。

窦氏：汉武帝刘彻的祖母，好黄老之言。

建元元年：即公元前140年。汉武帝刘彻即位后，开始使用年号“建元”，古代帝王自此始有年号。

二千石：汉官，又为郡守的代称。

绾：指卫绾。西汉代国大陵（今山西文水）人。历仕文、景、武帝三朝，先后任中郎将、河间王太傅、太子太傅，御史大夫，并做过三年丞相。他寡言敦厚，谨守职守，是一位无为政治的奉行者。

申、商、韩非、苏秦、张仪：均为战国时人。申，指申不害，亦称申子，战国时期在韩国为相十五年，使韩国走向国富兵强。他是著名的思想家和改革家，法家思想的代表人物之一。商，指商鞅。战国时期政治家、思想家、著名法家代表人物。韩非，指韩非子，他是我国古代著名的哲学家、思想家、政治家和散文家，法家思想的集大成者，后世称韩子或韩非子。苏秦，战国时期的韩国人，战国时期著名的纵横家，提倡合纵。张仪，战国时期魏国人，也是著名的纵横家，他主张连横。

复二算：免除二口的算赋。复，免除徭役或赋税。

复甲卒：免除全家的革车之赋。

三铢钱：汉代铜币名，因上有“三铢”二字，故名。

齿：指年齿，年龄。

耆艾：古代称六十为耆，五十为艾。代指年老者。

受鬻法：官府供应米粟给民众做粥饭的制度。

岁事：意思是定为常规，每年都要举行祭祀活动。

安车蒲轮：用蒲草裹住车轮。以减轻颠簸，使车行驶安稳。

婴：窦婴。

蚡：田蚡。

茂陵：武帝自作之陵，在今陕西咸阳西。

平原：县名，在今山东平原南。

便门桥：在长安西北渭水上，造此桥以便横跨渭水通往茂陵。

中傅：官名，主辅导。出入宫门，在王左右。

闽越：王国名，在今福建地区。

中大夫：官名，掌议论，属郎中令。

会稽：郡名，治吴县（今江苏苏州）。

半两钱：钱币名，形制为圆形方孔，重十二铢。古时二十四铢为一两，故称半两钱。

《五经》：指《易经》、《尚书》、《诗经》、《春秋》、《仪礼》。

便殿：即陵园之正殿。因宫庙均有正殿，于是称陵园之殿曰便殿。

素服：白色的无纹饰的衣服。

南越：王国名。

大行：官名，后改名大鸿胪，掌接待宾客。

豫章：郡名，治南昌（今江西南昌）。

大司农：官名，掌租税钱谷盐铁及国家财政收支。

元光元年：即公元前134年，元光为汉武帝年号。

卫尉：官名，掌管宫门警卫，主南军。

云中：郡名。在今内蒙古呼和浩特南。

中尉：官名，掌京师治安，兼主北军。

雁门：郡名。在今山西右玉南。

肃眘：古代族名。在我国东北地区。

渠搜：古代国名，在我国西北地区。

氐、羌：皆古代族名，在我国西北地区。

董仲舒：西汉著名的思想家、政治家。汉武帝元光元年（公元前134年），建议“罢黜百家，独尊儒术“。

公孙弘：西汉政治家、儒者，他的政治生涯在六十岁后，先后两次应征为博士，最后得到武帝重用，官至丞相。

五畤：古代祭祀五帝的地方。

马邑：县名，今山西朔县。

顿丘：县名，在今河南清丰西。

濮阳：县名，在今河南濮阳西南。

弃市：古代的一种刑罚，就是在闹市执行死刑并将犯人暴尸街头。

巫蛊：古代巫师使用邪术加害于人的迷信把戏。

令与计偕：令应征之人与上计薄使者一起进朝。

算商车：对商贾的车辆征税。

上谷：郡名。在今河北怀来东南。

代：郡名。治代县，在今河北蔚县东南

校尉：武官名，位低于将军。

廷尉：官名，掌刑狱。

渔阳：郡名，在今北京密云西。

元朔元年：即公元前128年。

五帝：伏羲、神农、黄帝、尧、舜。

九锡：赐给物品，一曰车马，二曰衣服，三曰乐器，四曰朱户，五曰纳陛，六曰虎贲百人，七曰铁钺，八曰弓矢，九曰秬鬯。

辽西：郡名，治阳乐，在今辽宁义县西。

薉君：薉貊族之君。薉貊，古代东方少数民族名，在今朝鲜半岛。

苍海郡：公元前128年至公元前126年在朝鲜半岛东部秽貊地区设立的一郡，是中国中央政权在朝鲜半岛设立的首个行政区。

梁王、城阳王：指梁平王刘襄、城阳王刘延。

河南地：今内蒙古自治区内黄河以南地区。

朔方：郡名，在今内蒙古乌拉特前旗东南。

五原：郡名，在今内蒙古达拉特旗西北。

西南夷：对我国西南地区的少数民族的统称。

定襄：郡名，治成乐，在今内蒙古和林格尔西北。

上郡：古郡名。西汉辖境约今陕西榆林、延安及内蒙古自治区乌审旗等地区。

皇太子：刘据，卫皇后所生，死于发生在公元前91年的“巫蛊“事件之中。谥“戾”，所以又称“戾太子“。

霍去病：西汉汉武帝时对抗匈奴的名将。

陇西：郡名，治狄道，在今甘肃临洮。

皋兰：山名。一说在今甘肃兰州。

余吾水：河名，流经今蒙古国乌兰巴托市。

居延：县名，在今内蒙古额济纳旗东南。

张骞：西汉时人，曾两次出使西域。

右北平：郡名，治平刚，在今辽宁凌源南。

昆邪王、休屠王：皆是匈奴族部落首领及王号。

武威：郡名，治武威，在今甘肃民勤东北。

酒泉：郡名，治禄福，在今甘肃酒泉。

昆明池：池名，在今陕西西安西南。

萧何：西汉初大臣，曾辅佐刘邦起兵，汉朝建立后，以第一功被封为酂侯。

西河：郡名，在今内蒙古准格尔旗西南。

白金：是含银的一种合金。

皮币：一种货币，用白鹿皮一尺，边沿以彩线。

算缗钱：汉时对商人或手工业者征的税。缗，成串的铜钱，一千文为一缗。

长星：类似彗星，有长形光芒。

踵：追逐，跟随。

阗颜山：山名，在今蒙古国中西部南面。

左贤王：在匈奴贵族中的封号。较高级别。

狼居胥山：山名，在今蒙古乌兰巴托市东面。

李蔡：李广之从弟。

五铢钱：钱币名。钱重五铢，上有“五铢”二篆字。

蛮夷：指中原以外各族大小的首领。

诰：指敕封诸侯王的策文。

废期有月：指自去年三月改币到今天，已一年有余。

汾水：地名，即今山西境内之汾水。

上庸：县名，在今湖北竹山西南。

青翟：指庄青翟，西汉大臣。汉高祖时武强侯庄不识(《史记》作庄不职)之孙，汉文帝时袭爵武强侯。曾任御史大夫、太子少傅，丞相。后因于权臣张汤的相互构陷，牵连致死。

柏梁台：台名，以香柏为梁柱。

火耕水耨：古时的一种耕种法，先烧草，然后下水种稻，草和稻都割去，复下水灌之，草死，稻独长。

江陵：县名，在今湖北江陵。

函谷关：原在今河南灵宝东北，今河南新安东。

弘农县：县名，治所在今河南灵宝北。

令民告缗者以其半与之：对于算缗线，隐匿不报的或举报不实的，令民揭发，以被告之财的一半作为奖赏。

夏阳：县名，在今陕西韩城南。

汾阴：县名，在今山西万荣西南。

荥阳：县名，故址在今河南荥阳。

冀州：古代九州之一，今河北。

豫州：古代九州之一，今河南东部及安徽西北部等地区。

周室：旧址在洛阳。

方士：泛指从医、占卜、卦星相类职业的人。

陇：陇山。今陕西与甘肃交界地区。

空同：也作崆峒，山名。今甘肃平凉西北。

祖厉河：流经今甘肃会宁、靖远等县与黄河。

泰畤：古代皇帝祭天神之处。

甘泉：县名，今陕西延安中部。

桂阳：郡名，今湖南郴县。

湟水：水名，今广东北部之涯水。

豫章：郡名，今江西南昌。

浈水：水名，今广东北部。

零陵：郡名，今湖南零陵。

离水：水名，今广西境内之漓江和桂江。

苍梧：郡名。今广西梧州市。

夜郎：古小国名，后为地名，今贵州西部。

牂柯江：今广西西南部之北盘江。

番禺：古县名，今广东广州。

酎祭：汉朝于八月献酎祭宗庙时，令诸侯献金助祭，皇帝临受。献金若斤两不足，或质量不好，受削邑、夺爵的处分。

羌：族名。汉时活动于今青海，甘肃部分地区，以游牧为主。

故安：也作“安故”，县名。今甘肃临洮南一带。

天水：郡名，今甘肃通渭西。

安定：郡名，今宁夏固原。

河南：郡名，今河南洛阳东北。

河内：郡名。今河南武陟西南。

缑氏：县名，今河南偃师东南。

左邑：县名，今山西闻喜县。

汲：县名，今河南汲县西。

获嘉县：今河南新乡西。

南海：郡名，今广东广州。

苍梧：郡名，郡治在今广。

西梧州。郁林：郡名，今广西桂平西。

合浦：郡名，今广西合浦东北。

交趾：郡名，今越南河内。

九真：郡名。今越南清化西北。

珠崖：郡名，今海南海口南。

儋耳：郡名，今海南儋县西北。

武都：郡名，今甘肃武都北。

牂柯：郡名，今贵州贵定东北。

越巂：郡名，今四川西昌县东。

沈黎：郡名，今四川汉源东北。

文山：郡名，今四川茂汶羌族自治县。

令居：县名，今甘肃永登西北。

张掖：郡名，今甘肃张掖西北。

敦煌：郡名，今甘肃敦煌。

后元元年：即公元前88年。

侍中仆射：官名，侍中仆射是侍中的首领。

弗陵：昭帝刘弗陵，武帝之子。

《六经》：《易》、《诗》、《书》、《春秋》、《礼》、《乐》。

苏武传

苏武是中国历史上著名的民族英雄。汉武帝天汉元年（前100）他奉帝命出使匈奴，被匈奴扣留十九年，历尽艰辛，持节不屈。《苏武传》节选自《汉书·李广苏建传》，李广与其孙李陵、苏建及其子苏武四人，都是汉朝对匈奴战争中的重要人物，所以班固将其传记合而为一。本篇叙写了苏武出使匈奴被扣留期间的事迹，热烈颂扬了他在敌人面前富贵不能淫、贫贱不能移、威武不能屈、饥寒压不倒、私情无所动的浩然正气，充分肯定了他坚毅忠贞、大义凛然、视死如归的民族气节。

作者不是机械地铺叙历史事件，而是经过高度取舍剪裁，集中笔墨写苏武奉命出使匈奴，以及在异国十九年的种种遭遇和表现。记事详尽，主题鲜明，感人至深。李陵劝降和送别两节，用对比和衬托手法刻画、烘托苏武，生动地再现了人物的性格和节操，收到了很好的艺术效果。苏武是《汉书》中塑造得最为成功的传记人物之一。

【原文】

武字子卿，少以父任，兄弟并为郎，稍迁至栘中厩监。时汉连伐胡，数通使相窥观，匈奴留汉使郭吉、路充国等，前后十余辈。匈奴使来，汉亦留之以相当。天汉元年，且鞮侯单于初立，恐汉袭之，乃曰："汉天子我丈人行也。"尽归汉使路充国等。武帝嘉其义，乃遣武以中郎将使持节送匈奴使留在汉者，因厚赂单于，答其善意。武与副中郎将张胜及假吏常惠等募士斥候百余人俱。既至匈奴，置币遗单于。单于益骄，非汉所望也。

【译文】

苏武，字子卿，年轻时因为父亲的官位被任职，兄弟三人都做了郎官，后来苏武逐渐升到栘中厩监的职位。当时汉朝接连讨伐匈奴，双方多次派遣使节相互侦探对方情况，匈奴先后扣留了汉朝的使者郭吉、路充国等十几批人。匈奴使者来汉，汉朝也将他们扣留以相抵偿。天汉元年，且鞮侯单于刚刚即位，害怕汉朝袭击匈奴，就说："汉朝皇帝是我的长辈。"并且全部送回被扣留的汉使路充国等人。汉武帝很赞赏他深明大义，于是派遣苏武以中郎将的名号持旄节出使匈奴，护送扣留在汉朝的匈奴使者回国，并借这个机会赠送给单于丰厚的礼物，以答谢他的好意。苏武与副中郎将张胜以及临时委任的下属官员常惠等，招募了兵士、侦察员一百多人一起出发。到了匈奴后，把准备好的财物送给了单于。然而，单于却变得更加骄横了，并不是汉朝所希望的那样。

【原文】

方欲发使送武等，会缑王与长水虞常等谋反匈奴中。缑王者，昆邪王姊子也，与昆邪王俱降汉，后随浞野侯没胡中。及卫律所将降者，阴相与谋劫单于母阏氏归汉。会武等至匈奴，虞常在汉时素与副张胜相知，私候胜曰："闻汉天子甚怨卫律，常能为汉伏弩射杀之。吾母与弟在汉，幸蒙其赏赐。"张胜许之，以货物与常。后月余，单于出猎，独阏氏子弟在。虞常等七十余人欲发，其一人夜亡，告之。单于子弟发兵与战。缑王等皆死，虞常生得。

【译文】

匈奴正要派使者护送苏武等人回国，恰巧遇上缑王与原长水校尉虞常等人在匈奴谋反。缑王是昆邪王姐姐的儿子，曾经与昆邪王一块投降汉朝，后来跟随浞野侯赵破奴出征匈奴，兵败沦落于匈奴。这时候缑王、虞常与随同卫律投降匈奴的人，暗中串通策划劫持单于的母亲投奔汉朝。恰巧遇上苏武等人到了匈奴，虞常在汉朝时一向与副使张胜熟识，便私下去拜访张胜，对他说："听说汉朝皇帝很怨恨卫律，我能为汉朝效力，用暗箭射杀他。我的母亲和弟弟在汉朝，希望朝廷能赏赐他们。”张胜赞许他们这样做，并送了一些财物给虞常。一个多月后，单于出去打猎，只有王后阏氏及王室子弟留在宫中。虞常等七十多人想趁机发难，但是其中有一个人夜里逃跑，告发了这件事。单于子弟发兵与他们战斗，缑王等人都战死了，只有虞常被活捉。

【原文】

单于使卫律治其事。张胜闻之，恐前语发，以状语武。武曰："事如此，此必及我。见犯乃死，重负国。"欲自杀，胜、惠共止之。虞常果引张胜。单于怒，召诸贵人议，欲杀汉使者。左伊秩訾曰："即谋单于，何以复加？宜皆降之。"单于使卫律召武受辞，武谓惠等："屈节辱命，虽生，何面目以归汉！"引佩刀自刺。卫律惊，自抱持武，驰召毉。凿地为坎，置煴火，覆武其上，蹈其背以出血。武气绝，半日复息。惠等哭，舆归营。单于壮其节，朝夕遣人候问武，而收系张胜。

【译文】

单于派卫律审理这个案子。张胜听到这个消息后，害怕以前和虞常说的话被揭发出来，就把事情的经过告诉了苏武。苏武说："事情已到这个地步，必然会牵连上我。受到侮辱后而死，就更对不起国家了。"苏武想要自杀，被张胜、常惠一起劝止住了。虞常果然牵扯上了张胜。单于很生气，召集一些贵族商议，要杀汉朝使者。左伊秩訾说："谋杀卫律就判处死罪，假若谋杀单于，那又怎样加重处罚呢？最好让他们全部投降匈奴。”于是单于派卫律招来苏武受审，苏武对常惠等人说：“丧失气节侮辱了国家使命，即使活着，还有什么脸面回汉朝！”说完拔出佩刀就往身上刺。卫律很吃惊，抱住苏武，并派人骑马请来医生。医生吩咐在地上挖了一个小坑，坑内点起一堆小火，然后把苏武的身体放在坑穴上，医生轻轻地敲击苏武的背，使淤血流出来。苏武一时气绝，半天才苏醒过来。常惠等人痛哭，抬着苏武回到汉使的营帐。单于赞赏苏武的气节，早晚派人问候苏武，却把张胜逮捕囚禁了。

【原文】

武益愈。单于使使晓武，会论虞常，欲因此时降武。剑斩虞常已，律曰："汉使张胜谋杀单于近臣，当死，单于募降者赦罪。"举剑欲击之，胜请降。律谓武曰："副有罪，当相坐。"武曰："本无谋，又非亲属，何谓相坐？"复举剑拟之，武不动。律曰："苏君，律前负汉归匈奴，幸蒙大恩，赐号称王，拥众数万，马畜弥山，富贵如此。苏君今日降，明日复然。空以身膏草野，谁复知之！"武不应。律曰："君因我降，与君为兄弟，今不听吾计，后虽欲复见我，尚可得乎？"武骂律曰："女为人臣子，不顾恩义，畔主背亲，为降虏于蛮夷，何以女为见？且单于信女，使决人死生，不平心持正，反欲斗两主，观祸败。南越杀汉使者，屠为九郡；宛王杀汉使者，头县北阙；朝鲜杀汉使者，即时诛灭。独匈奴未耳。若知我不降明，欲令两国相攻，匈奴之祸从我始矣。"

【译文】

苏武的伤渐渐好了。单于派使臣通知苏武，让他参加审判虞常，想借此机会迫使苏武投降。用剑杀死虞常后，卫律宣布："汉朝副使张胜图谋暗杀单于的近臣，判为死罪，但单于招求降者，赦免其罪。"说完，举剑要杀张胜，张胜请求投降。卫律对苏武说：“副使有罪，你也应该连坐。”苏武说：“我根本没有参与同谋，又与他们没有亲属关系，说什么连坐呢？”卫律又举起剑，做出杀人的样子，苏武毫不动摇。卫律说：“苏君，我以前背叛汉朝归附匈奴，有幸得到单于的恩典，赐我封号称为王爷，拥有几万部众，马牛牲畜满山遍野，得到了这样的荣华富贵。您今日归降匈奴，明天也会像我这样。何必白白地葬身荒漠草原当肥料，谁又会知道您呢？”苏武不理他，卫律又说：“您依靠我的引荐归降匈奴，我与您结拜为兄弟，如果您今天不听我的计策，以后即使想再见到我，还可能吗？”苏武大骂卫律说：“你本为汉朝的臣民，不顾念朝廷的恩惠，不守信义，背叛国家君主和亲人，甘愿在匈奴作降附之人，见你做什么？况且单于信任你，比你裁决人的生死，你不但不主持正义，反而想挑起两国君主相互攻打。你却旁观祸败。南越曾经杀了汉朝使者，结果被汉朝消灭，划为九郡；大宛王杀了汉朝使者，后来也遭诛杀，头颅悬挂在汉宫的北阙之下；朝鲜杀了汉朝使者，也很快被汉朝讨平。如今只有匈奴还没有被讨伐了。你明知我不会投降，却想让两国互相攻击，看来匈奴的灾祸，就要从我身上开始了。”

【原文】

律知武终不可胁，白单于。单于愈益欲降之，乃幽武置大窖中，绝不饮食。天雨雪，武卧啮雪与旃毛并咽之，数日不死，匈奴以为神。乃徙武北海上无人处，使牧羝，羝乳乃得归。别其官属常惠等，各置他所。

【译文】

卫律知道苏武最终不可能因威胁而投降，就报告了单于。单于越发想招降苏武，于是把苏武囚禁在一个空地窖中，断绝他的吃喝。天下着雪，苏武躺在地上，就着雪嚼吞毡毛，过了好多天也没死，匈奴以为有神保佑。于是把苏武流放到荒无人烟的北海边，让他放牧公羊，声言待公羊生育后才得归来。匈奴把苏武和他的官员属吏常惠等人分开，囚禁在不同的地方。

【原文】

武既至海上，廪食不至，掘野鼠去中实而食之。杖汉节牧羊，卧起操持，节旄尽落。积五六年，单于弟於靬王弋射海上。武能网纺缴，檠弓弩，於靬王爱之，给其衣食。三岁余，王病，赐武马畜服匿穹庐“王死后，人众徙去。其冬，丁令盗武牛羊，武复穷厄。

【译文】

苏武到了北海边上，匈奴断绝了对他的粮食供应，他只好挖野鼠所蓄藏的草籽充饥。苏武每天都拄着汉朝的旄节牧羊，因为早晚都握在手中，连旄节上的旄尾都脱落了。这样过了五六年，单于的弟弟於靬王到北海边射猎。因为苏武能织网纺系箭丝绳，还善于矫正弓弩，所以於靬王很喜欢他，就供给他一些衣服食物。过了三年多，於靬王病重，赏赐给苏武一些马牛羊、陶罐容器和帐篷等。於靬王死后，他的部下也纷纷迁移离开北海。这年冬天，丁令部落盗走了苏武的牛羊，苏武又陷于穷困之中。

【原文】

初，武与李陵俱为侍中，武使匈奴明年，陵降，不敢求武。久之，单于使陵至海上，为武置酒设乐，因谓武曰："单于闻陵与子卿素厚，故使陵来说足下，虚心欲相待。终不得归汉，空自苦亡人之地，信义安所见乎？前长君为奉车，从至雍棫阳宫，扶辇下除，触柱折辕，劾大不敬，伏剑自刎，赐钱二百万以葬。孺卿从祠河东后土，宦骑与黄门驸马争船，推堕驸马河中溺死，宦骑亡，诏使孺卿逐捕不得，惶恐饮药而死。来时，大夫人已不幸，陵送葬至阳陵。子卿妇年少，闻已更嫁矣。独有女弟二人，两女一男，今复十余年，存亡不可知。人生如朝露，何久自苦如此！陵始降时，忽忽如狂，自痛负汉，加以老母系保宫，子卿不欲降，何以过陵？且陛下春秋高，法令亡常，大臣亡罪夷灭者数十家，安危不可知，子卿尚复谁为乎？愿听陵计，勿复有云。"武曰："武父子亡功德，皆为陛下所成就，位列将，爵通侯，兄弟亲近，常愿肝脑涂地。今得杀身自效，虽蒙斧钺汤镬，诚甘乐之。臣事君，犹子事父也，子为父死亡所恨。愿勿复再言。"陵与武饮数日，复曰："子卿壹听陵言。"武曰："自分已死久矣！王必欲降武，请毕今日之欢，效死于前！"陵见其至诚，喟然叹曰："嗟乎，义士！陵与卫律之罪上通于天。"因泣下沾衿，与武决去。

【译文】

当初，苏武与李陵都在汉朝做过侍中，苏武出使匈奴的第二年，李陵投降了匈奴，不敢去访求苏武。过了很久，单于派李陵到北海边，置办酒宴、陈设乐舞款待苏武，席间李陵对苏武说："单于听说我与子卿您一向交情深厚，所以叫我来劝说您，单于诚心以礼相待。您终究也回不了汉朝，白白地在这荒无人烟的地方自讨苦吃，您所守的信义又有谁知道呢？先前，您的大哥做奉车都尉，跟随皇帝到雍城的棫阳宫，扶着车辇下殿阶时，撞在柱子上折断了车辕，被弹劾指控犯了大不敬之罪，他用剑自杀了，只赐钱二百万用来安葬。您的弟弟孺卿跟随皇帝到河东郡祭祀土地神，一个骑马的宦官和黄门驸马争夺船只，宦官把黄门驸马推到河里淹死了，宦官畏罪逃亡，皇帝下令让孺卿去追捕，没有捕获，他很惶恐害怕，便服毒药自杀了。我来的时候，您母亲也已经去世，我送葬到了阳陵。您的妻子还年轻，听说已经改嫁了。只剩下您的两个妹妹、两个女儿、一个儿子，如今又过了十多年，死活也不知道。人生就像早晨的露水那样短促，何必这样长久地自找苦吃呢！

我刚投降匈奴的时候，整日恍恍惚惚像疯了一样，因背叛汉朝而自责痛苦，再加上老母亲被囚禁在监狱里，您如今不想投降的心情，怎能超得过我呢？况且，皇上年岁大了，法令反复无常，大臣无罪而遭到诛灭的有几十家，连自己的安危都难以预料，子卿您还为谁这样吃苦守节呢？希望您能听从我的劝告，不要再说什么了。”苏武说：“我苏武父子没有什么功德，都靠皇帝的栽培提拔，我父亲才做了将军，被封为通侯，我兄弟三人也都做了朝廷的近臣，我常希望有机会能报答皇帝，情愿肝脑涂地。现在有了杀身报答的机会，即使遭受斧钺之诛、汤镬之刑，也心甘情愿。大臣侍奉君王，犹如儿子侍奉父亲，儿子为父亲去死，没有什么可遗憾的。希望你不要再劝说我了。”李陵陪苏武喝了几天酒，又对苏武说：“子卿，您一定要听我的劝说呀。”苏武说：“我自认为已经死了很久了！你一定要让我投降，就请结束今天的欢宴，让我死在你的面前。”李陵见苏武这样赤诚，长叹一声说：“唉，真是忠义之士啊！我李陵与卫律罪恶滔天。”因而泪湿衣襟，与苏武告别离去了。

【原文】

陵恶自赐武，使其妻赐武牛羊数十头。后陵复至北海上，语武：“区脱捕得云中生口，言太守以下吏民皆白服，曰上崩。”武闻之，南乡号哭，欧血，旦夕临。

【译文】

李陵羞于亲自馈赠苏武礼物，让妻子送给苏武几十头牛羊。后来，李陵又来到北海上，告诉苏武说：“在边界捕获到云中郡的俘虏，说太守以下的官民都穿着孝服，据说是皇上去世了。”苏武听到这个消息，面向南方大声痛哭，口吐鲜血，每天早晚都哭吊武帝。

【原文】

数月，昭帝即位。数年，匈奴与汉和亲。汉求武等，匈奴诡言武死。后汉使复至匈奴，常惠请其守者与俱，得夜见汉使，具自陈道。教使者谓单于，言天子射上林中，得雁，足有系帛书，言武等在某泽中。使者大喜，如惠语以让单于。单于视左右而惊，谢汉使曰："武等实在。"于是李陵置酒贺武曰："今足下还归，扬名于匈奴，功显于汉室，虽古竹帛所载，丹青所画，何以过子卿！陵虽驽怯，令汉且贳陵罪，全其老母，使得奋大辱之积志，庶几乎曹柯之盟，此陵宿昔之所不忘也。收族陵家，为世大戮，陵尚复何顾乎？已矣！令子卿知吾心耳。异域之人，壹别长绝！"陵起舞，歌曰："径万里兮度沙幕，为君将兮奋匈奴。路穷绝兮矢刃摧，士众灭兮名已聩。老母已死，虽欲报恩将安归！"陵泣下数行，因与武决。单于召会武官属，前以降及物故，凡随武还者九人。

【译文】

过了几个月，昭帝继位。过了几年，匈奴与汉朝和好结亲。汉朝要求匈奴放回苏武等人，匈奴谎称苏武已经死了。后来汉朝使者又到了匈奴，常惠听说后，请求其看守一起夜里去见汉使，这样才有机会把全部情况向汉使陈述。常惠教汉使对单于说，皇上在上林苑中射猎，射下一只大雁，大雁的脚上系着帛书，上面写着苏武等人还活在荒泽中。汉使听到这个主意很高兴，就按照常惠教的话责问单于。单于看着左右的人，感到很吃惊，向汉使道歉说："苏武他们确实还活着。"于是李陵备办酒宴向苏武贺喜，说："如今您返回汉朝，威名扬于匈奴，功勋显赫于汉室，即使是古代史书上记载的、图画上画的英雄豪杰，又有谁能超过子卿呢？我李陵虽然才能低下、生性懦弱，假使当年汉朝廷姑且宽恕我的罪行，不杀我的老母亲，让我能把在奇耻大辱处境中所蓄积的志向施展出来，也许我能像曹沫在柯邑结盟时一样，为国家作出贡献，这正是我往日不忘怀的想法啊。但是汉朝廷收捕、族灭了我的全家，活在世上蒙受奇耻大辱，我李陵还有什么留恋的呢？一切都完了！我向您诉说，只是让您了解我的内心罢了。从此，你我成为两个国家的人，今日一别就是永别了！"李陵说完起身舞蹈，歌唱道："跋涉万里啊渡过沙漠，为君王领兵啊奋战匈奴。被困狭谷啊刀折剑摧，众将士捐躯啊我失名节。老母已惨死，虽想报国啊哪里是归宿！"

李陵唱罢泪流满面，就此与苏武诀别。单于召集苏武及随从官员，除了先前已经投降的和死去的以外，随苏武回国的一共九人。

【原文】

武以始元六年春至京师。诏武奉一太牢谒武帝园庙，拜为典属国，秩中二千石，赐钱二百万，公田二顷，宅一区。常惠、徐圣、赵终根皆拜为中郎，赐帛各二百匹。其余六人老归家，赐钱人十万，复终身。常惠后至右将军，封列侯，自有传。武留匈奴凡十九岁，始以强壮出，及还，须发尽白。

【译文】

苏武在始元六年春天回到京师。昭帝命令苏武供奉一份太牢祭品谒拜武帝陵庙，并任命苏武做了典属国，俸禄中二千石，赏赐钱二百万，公田二顷，住宅一所。常惠、徐圣、赵终根都被任命为中郎，各赐帛二百匹。其余六个人因为年老，让他们返回故乡，各赐钱十万，终生免除徭役。常惠后来官至右将军，封了通侯的爵位，《汉书》另外有他的传记。苏武被扣留在匈奴十九年，当初出使时正当壮年，到返回汉朝的时候，胡须和头发已经全都白了。

【原文】

武来归明年，上官桀子安与桑弘羊及燕王、盖主谋反。武子男元与安有谋，坐死。

【译文】

苏武回来的第二年，上官桀及他的儿子上官安与桑弘羊、燕王旦、盖主策划造反。苏武的儿子苏元与上官安同谋，被牵连处死。

【原文】

初桀、安与大将军霍光争权，数疏光过失予燕王，令上书告之。又言苏武使匈奴二十年不降，还乃为典属国，大将军长史无功劳，为搜粟都尉，光颛权自恣。及燕王等反诛，穷治党与，武素与桀、弘羊有旧，数为燕王所讼，子又在谋中，廷尉奏请逮捕武。霍光寝其奏，免武官。

【译文】

当初，上官桀父子与大将军霍光争权，上官桀屡次把霍光的过失记录下来交给燕王，让燕王上书告发霍光。又说苏武出使匈奴被扣留二十年不投降，回来后仅仅封了个典属国的官职，霍光府中的长史杨敞没什么功劳，却做了搜粟都尉，霍光太专权为所欲为了。到了燕王等人谋反被杀之后，朝廷追究所有与谋反有牵连的人，因为苏武一向与上官桀、桑弘羊有旧交情，燕王曾多次为功高赏薄的苏武向昭帝申诉，儿子苏元又参加了谋反，廷尉上奏昭帝请求逮捕苏武。霍光扣下了廷尉的奏章，只免了苏武的官。

【原文】

数年，昭帝崩，武以故二千石与计谋立宣帝，赐爵关内侯，食邑三百户。久之，卫将军张安世荐武明习故事，奉使不辱命，先帝以为遗言。宣帝即时召武待诏宦者署，数进见，复为右曹典属国。以武著节老臣，令朝朔望，号称祭酒，甚优宠之。

【译文】

过了几年，昭帝去世了，苏武以前任“二千石“官的身份，参与了谋划立宣帝的事，赐爵号关内侯，拥有三百户的食邑。过了很久，卫将军张安世向宣帝推荐，说苏武很熟悉过去的典章制度，出使匈奴不玷辱使命，先帝昭帝以此特为遗言。宣帝听了张安世的话，立即命令苏武在宦者署等待宣诏。苏武多次被宣帝召见，又加了右曹典属国的官衔。因为苏武是有名望的持节老臣，宣帝命令他只在初一、十五上朝即可，称他祭酒，对他很优待尊宠。

【原文】

武所得赏赐，尽以施予昆弟故人，家不余财。皇后父平恩侯、帝舅平昌侯、乐昌侯、车骑将军韩增、丞相魏相、御史大夫丙吉皆敬重武。武年老，子前坐事死，上闵之，问左右：“武在匈奴久，岂有子乎？”武因平恩侯自白：“前发匈奴时，胡妇适产一子通国，有声问来，愿因使者致金帛赎之。”上许焉。后通国随使者至，上以为郎。又以武弟子为右曹。武年八十余，神爵二年病卒。

【译文】

苏武得到的赏赐财物，全部送给兄弟及故交，家里没有多余的钱财。皇后的父亲平恩侯、宣帝的舅舅平昌侯、乐昌侯、车骑将军韩增、丞相魏相、御史大夫丙吉都很敬重苏武的为人。苏武年纪大了，儿子以前因为参加谋反被处死了，宣帝很怜悯他，问左右大臣：“苏武在匈奴那么久，可有儿子吗？”苏武通过平恩侯向宣帝陈述说：“当初从匈奴回国时，匈奴妻子刚生了个儿子叫通国，有音信来，希望通过使者送金帛赎回他。”宣帝答应了。后来通国跟随使者回到汉朝，宣帝封他做了郎官。又封苏武弟弟的儿子为右曹。苏武活到八十多岁，于神爵二年病逝。

【注释】

父：指苏武的父亲苏建，有功封平陵侯，做过代郡太守。

兄弟：指苏武和他的兄苏嘉，弟苏贤。

郎：官名，汉代专指职位较低皇帝侍从。汉制年俸二千石以上，可保举其子弟为郎。

监：此指管马厩的官，掌鞍马、鹰犬等。

通使：派遣使者往来。

郭吉：元封元年（前110年），汉武帝亲统大军十八万到北地，派郭吉到匈奴，晓谕单于归顺，单于大怒，扣留了郭吉。

路充国：元封四年（前107年），匈奴派遣使者至汉，病故。汉派路充国送丧到匈奴，单于以为是被汉杀死，扣留了路充国。

相当：相抵。

天汉元年：公元前100年。天汉，汉武帝年号。

且鞮侯：单于嗣位前的封号。

单于：匈奴首领的称号。

中郎将：皇帝的侍卫长。

节：使臣所持信物，以竹为杆，柄长八尺，栓上旄牛尾，共三层，故又称“旄节”。

假吏：临时委任的使臣属官。

斥候：军中担任警卫的侦察人员。

缑王：匈奴的一个亲王。

长水：水名，今陕西省蓝田县西北。

虞常：长水人，后投降匈奴。

昆邪王：匈奴一个部落的王，其地在今甘肃省西北部。昆邪王于前121年降汉。

浞野侯：汉将赵破奴的封号。汉武帝太初二年率二万骑击匈奴，兵败而降，全军沦没。

卫律：本为长水胡人，但长于汉，被协律都尉李延年荐为汉使出使匈奴。回汉后，正值延年因罪全家被捕，卫律怕受牵连，又逃奔匈奴，被封为丁零王。

阏氏：匈奴王后的封号。

左伊秩訾：匈奴的王号，有左伊秩訾和右伊秩訾之分。

相坐：连带治罪。古代法律规定，凡犯谋反等大罪者，其亲戚族人也要跟着治罪，也叫连坐，或相坐。

南越：国名，今广东南部。

宛王：指大宛国王毋寡。

北阙：宫殿的北门。

北海：当时在匈奴北境，即今贝加尔湖。

於靬王：匈奴的亲王。

服匿：盛酒酪的容器，类似坛子。

穹庐：圆顶蒙古包。

丁令：也叫丁灵，匈奴北边的一个部族。

李陵：西汉李广之孙，武帝时曾为侍中。天汉二年（前99年）出征匈奴，兵败投降，后病死。

侍中：官名，皇帝的侍从。

长君：指苏武的长兄苏嘉。

奉车：官名，皇帝出巡时，负责车马的侍从官。

雍：汉代县名，今陕西凤翔县南。

棫阳宫：秦时所建宫殿，在雍东北。

大不敬：不敬皇帝的罪名，为一种不可赦免的重罪。

河东：郡名，今山西夏县北。

宦骑：骑马的宦官。

黄门驸马：宫中掌管车辇马匹的官。

太夫人：指苏武的母亲。

阳陵：地名，今陕西咸阳市东。

保宫：囚禁犯罪大臣及其眷属之处。

列将：一般将军的总称。苏武父子曾被任为右将军、中郎将等。

通侯：汉爵位名，本名彻侯，因避武帝讳改。苏武父苏建曾封为平陵侯。

斧钺：古时用以杀犯人的斧子。

汤镬：指把人投入开水锅煮死。

区脱：接近汉地的一个匈奴部落名。

云中：郡名，今山西省北部。

上崩：指后元二年（前87年）汉武帝死。

昭帝：武帝少子，名弗陵。公元前八七年，武帝死，昭帝即位。次年，改元始元。于始元六年，与匈奴达成和议。

上林：汉朝皇帝游玩射猎的园林。今陕西省西安市附近。

曹柯之盟：《史记》春秋时，曹沫鲁将，与齐作战，三战三败，鲁庄公割地求和，但仍用曹沫为将。后齐桓公与鲁庄公会盟于柯邑（时为齐邑，在今山东省阳谷县东北），曹沫持匕首胁迫齐桓公，齐桓公只得归还鲁地。李陵用此自比，表示要立功赎罪。

典属国：官名，掌管依附汉朝的各属国事务。

中二千石：官俸的等级之一。

上官桀：字少叔，西汉陇西上邽(今甘肃天水)人。汉武帝、汉昭帝时大臣。少为羽林期门郎。有才力，累迁未央厩令、侍中、太仆。官拜左将军，与李广利统率汉军，北拒匈奴，西征西域，拓疆守土，战功显赫。汉昭帝即位，与桑弘羊、金日磾、霍光等同授汉武帝遗诏辅佐少主，封安阳侯。元凤元年(前80)，上官桀和桑弘羊等人因毁立之事，欲"谋杀霍光、废汉昭帝、立燕王刘旦"，与霍光政见相左，事败被族诛。

桑弘羊：西汉法家人物。是洛阳有名的大富豪桑家的公子。桑家是洛阳首富，桑弘羊是个极富传奇色彩的人物，少年时代，他就“以心计”，而不用筹码（当时一般商人用竹制成的筹码进行运算）进行运算而享有盛名。十三岁就担任了侍中，开始在汉武帝身边工作。三十三岁时，与东郭咸阳、孔仅“三人言利析秋毫”，对经济的分析十分深刻，从而得到了汉武帝的信任。到了公元前115年，孔仅升为大农令，桑弘羊接替他担任大农丞，掌管会计事务。元封元年（公元前110年），桑弘羊成为搜粟都尉，同时兼任大农令,掌管全国的租税财政。汉武帝末年任御史大夫（相当于副丞相），仍兼管财政，一直到汉昭帝元凤元年（公元前80年）被杀为止。

燕王：名旦，武帝第三子。

盖主：武帝长女，封鄂邑长公主，因嫁盖侯（王信），故又称盖主。谋反事败，与燕王皆自杀。

霍光：字子孟。武帝时为奉车都尉，后受武帝遗诏辅昭帝。昭帝死，迎立昌邑王刘贺。后又废之，改立宣帝。一切政事都由其决定。

廷尉：掌管刑狱的官。

宣帝：汉武帝曾孙刘洵，公元前73年至前49年在位。

张安世：张汤子，宣帝时拜大司马。

故事：指典章制度。

先帝：指昭帝。

宦者署：宦者令的衙门。

右曹：汉时尚书令下面的加官，为空衔。

祭酒：古代祭祀时，必先推年高有德者举酒以祭。后即称年高有德者为“祭酒”。这里是对苏武的尊称。

平恩侯：许广汉的封号。汉宣帝皇后的父亲。

平昌侯：王无故的封号。汉宣帝的舅舅。

乐昌侯：王武的封号。王无故的弟弟。

韩增、魏相、丙吉：宣帝初年的功臣。

武弟子：苏贤的儿子。

神爵二年：即公元前60年。

张骞传

张骞是我国古代对外交流沟通史上的一个典范人物。汉武帝时，由于国力强盛，遂改变以往的对外和亲政策，开始对匈奴发起攻势。为了联络西域各国，相约共击匈奴，张骞奉命两次出使西域。第一次于建元二年（前139）出使月氏，他冒险经匈奴被扣留十余年，后乘机西逃经大宛、康居，到达位于阿姆河上中游的大月氏和大夏，返归时又遭匈奴扣留。行程数万里，历时十三年，历尽艰险，然而张骞坚贞不屈，终于回到汉朝。第二次为元狩四年（前119），张骞再次出使西域，他率领庞大的使团，携带价值数千万的财物，跋涉万里，抵达位于伊犁河流域的乌孙，然后又分别派出副使前往大宛、康居、月氏、大夏等国。张骞两次出使，加强了中原与西域各族的联系，发展了汉朝与中亚各国人民的友好关系，极大地促进了我国与西方的经济文化交流，张骞不愧为我国历史上一位著名的外交家。

【原文】

张骞，汉中人也，建元中为郎。时匈奴降者言匈奴破月氏王，以其头为饮器，月氏遁而怨匈奴，无与共击之。汉方欲事灭胡，闻此言，欲通使，道必更匈奴中，乃募能使者。骞以郎应募，使月氏，与堂邑氏奴甘父俱出陇西。径匈奴，匈奴得之，传诣单于。单于曰："月氏在吾北，汉何以得往使？吾欲使越，汉肯听我乎？"留骞十余岁，予妻，有子，然骞持汉节不失。

【译文】

张骞是汉中人，武帝建元年间在朝廷做郎官。当时，匈奴投降汉朝的人说，匈奴打败了月氏王，拿他的头颅做饮器，月氏遁逃远走，因此怨恨匈奴，但无人援助他们共同攻击匈奴。汉朝正打算发起消灭匈奴的战争，听到这个消息，就想派使臣与月氏联系。由于出使月氏必须途经匈奴地面，便招募能胜任出使的人。张骞以郎官的资格应募，出使月氏，与堂邑父的家奴甘父一起从陇西出发。经过匈奴时，匈奴截获他们，并把他们押送到单于那里。单于说："月氏在我北边，汉朝怎么能够前往通使呢？我如果想派人出使南越，汉朝肯任凭我们的人经过吗？”于是把张骞扣留了十多年，匈奴单于给张骞择配妻室，并且有了儿子，但他始终保留着汉朝的使节，不肯投降。

【原文】

居匈奴西，骞因与其属亡乡月氏，西走数十日至大宛。大宛闻汉之饶财，欲通不得，见骞，喜，问欲何之。骞曰：“为汉使月氏而为匈奴所闭道，今亡，唯王使人道送我。诚得至，反汉，汉之赂遗王财物不可胜言。”大宛以为然，遣骞，为发译道，抵康居。康居传致大月氏。大月氏王已为胡所杀，立其夫人为王。既臣大夏而君之，地肥饶，少寇，志安乐，又自以远远汉，殊无报胡之心。骞从月氏至大夏，竟不能得月氏要领。

【译文】

因居住在匈奴西部，张骞和随从人员乘机朝月氏方向逃走，他们向西逃跑了几十天，到了大宛。大宛早就听说汉朝财物丰饶，想通使而不可得，见到张骞，十分高兴，便问他们要去什么地方。张骞说：“我们为汉朝出使月氏，而被匈奴封锁道路，不让通行。现在我们逃了出来，希望大王派人引路，护送我们。如能到达月氏，等我们返回汉朝后，汉朝送给大王的财物是说不尽的。”大宛认为说得对，就遣送张骞出境，并派译员带路，到了康居。康居再把他们转送到大月氏。这时，大月氏王已被匈奴所杀，他的夫人被立为王。大月氏征服了大夏，做了大夏的君主，土地肥沃富饶，境内又少有盗寇，感到满足安乐，又自认为距离汉朝遥远而不想亲近汉朝，根本就没有报复匈奴的意思了。张骞从月氏来到大夏，却始终摸不透月氏的真实意图。

【原文】

留岁余，还，并南山，欲从羌中归，复为匈奴所得。留岁余，单于死，国内乱，骞与胡妻及堂邑父俱亡归汉。拜骞太中大夫，堂邑父为奉使君。

【译文】

张骞在大夏逗留了一年多，便启程返回。他们沿着南山行走，打算经由羌人聚居的地方归来，不料又被匈奴截获。张骞在匈奴停留了一年多，遇上单于去世，国内动乱，便带着匈奴妻子和堂邑父一同逃归汉朝。皇帝授给张骞太中大夫的官职，封堂邑父为奉使君。

【原文】

骞为人强力，宽大信人，蛮夷爱之。堂邑父胡人，善射，穷急射禽兽给食。初，骞行时百余人，去十三岁，唯二人得还。

【译文】

张骞为人坚强而又有毅力，待人宽厚，守信用，西域人都喜爱他。堂邑父本是匈奴人，善于射猎，穷困窘迫时他就射捕禽兽来供给饮食。当初，张骞出发的时候有一百多人，出使在外十三年，只有他们二人得以归还。

【原文】

骞身所至者，大宛、大月氏、大夏、康居，而传闻其旁大国五六，具为天子言其地形，所有。语皆在《西域传》。

【译文】

张骞亲身到过的国家，有大宛、大月氏、大夏及康居，而间接了解的还有与它们相接邻的五六个大国。张骞把这些国家的地形、物产一一向天子详细陈说了。关于这些事，都记载在《西域传》中。

【原文】

骞曰："臣在大夏时，见邛竹杖、蜀布，问安得此？大夏国人曰：'吾贾人往市之身毒国。身毒国在大夏东南可数千里。其俗土著，与大夏同，而卑湿暑热。其民乘象以战。其国临大水焉。'以骞度之，大夏去汉万二千里，居西南。今身毒又居大夏东南数千里，有蜀物，此其去蜀不远矣。今使大夏，从羌中，险，羌人恶之；少北，则为匈奴所得；从蜀，宜径，又无寇。"天子既闻大宛及大夏、安息之属皆大国，多奇物，土著，颇与中国同俗，而兵弱，贵汉财物；其北则大月氏、康居之属，兵强，可以赂遗设利朝也。诚得而以义属之，则广地万里，重九译，致殊俗，威德遍于四海。天子欣欣以骞言为然。乃令因蜀犍为发间使，四道并出：出马龙，出莋，出徙、邛，出僰，皆各行一二千里。其北方闭氐、莋，南方闭嶲、昆明。昆明之属无君长，善寇盗，辄杀略汉使，终莫得通。然闻其西可千余里，有乘象国，名滇越，而蜀贾间出物者或至焉，于是汉以求大夏道始通滇国。初，汉欲通西南夷，费多，罢之。及骞言可以通大夏，及复事西南夷。

【译文】

张骞说："我在大夏时，见过邛崃山产的竹杖和蜀郡产的布。我问他们是从哪里得到这些东西的？大夏国人说：‘是我们的商人从身毒国贩运来的。身毒国在大夏东南大约数千里的地方。它的风俗是民众定居，与大夏相同，只是地势低洼，潮湿而酷热。那里的人都乘坐大象打仗。国家面临大海。’据我推测，大夏在西南边，离我汉朝一万二千里。现在身毒又在大夏东南几千里，有蜀地产的东西，可见身毒距离蜀地不是很远。现在要出使大夏，要经过羌人居住的地方，有危险，羌人讨厌我们的使者经过；稍微往北，就会被匈奴抓获；从蜀地去，是捷径，又没有盗寇。”天子知道了大宛、大夏及安息等国都是大国，出产许多珍奇物品，人民定居，习俗与中国很相似，然而兵力薄弱，看重汉朝的财物；它们的北面是大月氏和康居等国，这些国家兵力强悍，可以用赠送财物、施之以利的办法让他们来朝拜汉朝。对于以上国家，若真能施以恩义，使他们归顺，汉朝就会扩展土地万里，不同语言和习俗的各国就都会前来归附，这样，汉朝的威望和恩德就会遍及四海了。天子认为张骞的话很有道理，十分高兴，于是下令派相机而行的使者经由蜀郡和犍为郡四路齐发：一路出马龙，一路出莋，一路出徙、邛，一路出僰，要求各路使者都远行一二千里。出发不久，往北路去的使者被氐、莋阻拦住了，南去的使者被巂、昆明部族阻拦住了。昆明和巂当时都还没有君主，又好抢劫，他们杀了汉使，抢走了财物，这条道路始终没能打通。但听说昆明西边大约一千多里处有一个骑象的国家，名叫滇越，蜀郡商人私自贩运货物的有人到过那里，汉朝为了探寻去大夏的通道，于是开始与滇国交通往来。当初，汉朝曾想和西南各民族往来，因耗费巨大，没有实行。直到张骞说从那里可以通往大夏，才又从事交通西南各民族的活动。

【原文】

骞以校尉从大将军击匈奴，知水草处，军得以不乏，乃封骞为博望侯。是岁元朔六年也。后二年，骞为卫尉，与李广俱出右北平击匈奴。匈奴围李将军，军失亡多，而骞后期当斩，赎为庶人。是岁骠骑将军破匈奴西边，杀数万人，至祁连山。其秋，浑邪王率众降汉，而金城、河西并南山至盐泽，空无匈奴。匈奴时有候者到，而希矣。后二年，汉击走单于于幕北。

【译文】

张骞以校尉的身份随从大将军卫青攻打匈奴，由于他熟悉匈奴地势，知道水草所在之处，大军能随时得到补给，不感到匮乏，于是皇帝封张骞为博望侯。这一年正是元朔六年。两年以后，张骞被任命为卫尉，与李广一起从右北平出发攻打匈奴。匈奴围困住了李将军，士卒伤亡和逃走的为数众多，而张骞没能按期赶来参战，依照法令本该斩首，花钱赎罪贬为平民。就在那一年骠骑将军霍去病在西部边境大败匈奴，杀死数万人，直追到祁连山下。当年秋天，匈奴浑邪王率其部属投降汉朝，至此，金城、河西一带，南山、盐泽之间，就不见匈奴的踪迹了。虽然匈奴不时派人来侦探，人数毕竟很少了。又过了两年，汉朝大破匈奴，终于把单于赶到沙漠以北了。

【原文】

天子数问骞大夏之属。骞既失侯，因曰："臣居匈奴中，闻乌孙王号昆莫。昆莫父难兜靡本与大月氏俱在祁连、敦煌间，小国也。大月氏攻杀难兜靡，夺其地，人民亡走匈奴。子昆莫新生，傅父布就翎侯抱亡置草中，为求食，还，见狼乳之，又乌衔肉翔其旁，以为神，遂持归匈奴，单于爱养之。及壮，以其父民众与昆莫，使将兵，数有功。时，月氏已为匈奴所破，西击塞王。塞王南走远徙，月氏居其地。昆莫既健，自请单于报父怨，遂西攻破大月氏。大月氏复西走，徙大夏地。昆莫略其众，因留居，兵稍强，会单于死，不肯复朝事匈奴。匈奴遣兵击之，不胜，益以为神而远之。今单于新困于汉，而昆莫地空。蛮夷恋故地，又贪汉物，诚以此时厚赂乌孙，招以东居故地，汉遣公主为夫人，结昆弟，其势宜听，则是断匈奴右臂也。既连乌孙，自其西大夏之属皆可招来而为外臣。"天子以为然，拜骞为中郎将，将三百人，马各二匹，牛、羊以万数，赍金币帛直数千钜万，多持节副使，道可便遣之旁国。骞既至乌孙，致赐谕指，未能得其决。语在《西域传》。骞即分遣副使使大宛、康居、月氏、大夏。乌孙发道译送骞，与乌孙使数十人，马数十匹，报谢，因令窥汉，知其广大。

【译文】

天子多次问张骞关于大夏等国的情况。张骞已被免去侯爵，就说："我在匈奴时，听说乌孙王的称号叫昆莫。昆莫的父亲叫难兜靡，乌孙和大月氏本来都是祁连与敦煌之间的小国。大月氏攻击乌孙，杀死难兜靡，侵占了他们的土地，乌孙人就都逃往匈奴去了。那时昆莫刚出生，昆莫的傅父布就翎侯抱着他逃走，把他放置到草地里，独自去为昆莫寻找食物，回来时看见一头母狼在给昆莫喂奶，又见一只乌鸦叼着肉在他旁边飞翔，傅父认为孩子是神，立即抱着他去投奔匈奴，单于很喜欢他，就将他收养了下来。等到昆莫长大，单于就把昆莫父亲的民众交还给他，让他带兵打仗，结果屡建战功。当时，月氏已被匈奴打败，他们就向西去攻击塞王。塞王被迫南徙，迁往远方，月氏于是占领了塞王的国土。昆莫长大以后，自己向单于请求报杀父之仇，于是带兵西征，攻破大月氏。大月氏再次西迁，占据了大夏。昆莫把大月氏的民众掠为己有，就在那里屯扎下来，昆莫的兵力有所增强，又遇上单于去世，昆莫就不肯再听命于匈奴了。匈奴派兵攻打昆莫，不能取胜，更以为昆莫是神而远远地避开他。现在单于刚被我汉朝击败，昆莫原先的驻地空了出来。蛮夷之人都依恋故土，又贪爱我汉朝的财物，若果能乘此时机拿厚礼馈送乌孙，用他们在东边居住过的老地方来招引他们，并遣送公主为其夫人，与乌孙结为兄弟，乌孙一定乐于听从，这样就切断了匈奴的右臂。联合了乌孙之后，那么在乌孙以西的大夏等国就都可以招来成为汉朝的外臣了。”天子认为张骞的建议很好，就任命他为中郎将，率领三百人，各配两匹马，赶着数以万计的牛羊，携带着价值数千万的黄金和缯帛，还配置了多名持节的副使，如果道路可以通行，就灵活派遣这些副使到附近的国家去。张骞到了乌孙，就交付了朝廷的赏赐并把皇帝的意旨明白地告诉了他们，可是却没得到乌孙方面确切的答复。关于这件事的详情，记载在《西域传》中。张骞便向大宛、康居、月氏和大夏等国分别派出了副使。乌孙派遣译员和向导护送张骞回国，同时乌孙还派遣使者几十人相随同行，带着良马几十匹答谢汉朝，并让他们窥探汉朝的虚实。乌孙使者到达后才知道汉朝果然幅员广阔，物产丰富。

【原文】

骞还，拜为大行。岁余，骞卒。后岁余，其所遣副使通大夏之属者皆颇与其人俱来，于是西北国始通于汉矣。然骞凿空，诸后使往者皆称博望侯，以为质于外国，外国由是信之。其后，乌孙竟与汉结婚。

【译文】

张骞回国后，被任命为专管接待宾客的大行令。过了一年多，张骞就去世了。又过了一年，张骞派往大夏等国去的那些副使，都同有关国家的使者一起返回，于是西北各国开始与汉朝通使交往。因张骞开辟了通西域的道路，后来许多使者出使国外也都称作博望侯，以此来取信于外国，外国人因此也很信任他们。后来，乌孙终于与汉朝结成了姻亲。

【原文】

初，天子发书《易》，曰“神马当从西北来”。得乌孙马好，名曰“天马”。及得宛汗血马，益壮，更名乌孙马曰“西极马”，宛马曰“天马”云。而汉始筑令居以西，初置酒泉郡，以通西北国。因益发使抵安息、奄蔡、犛靬、条支、身毒国。而天子好宛马，使者相望于道，一辈大者数百，少者百余人，所赍操，大放博望侯时。其后益习而衰少焉。汉率一岁中使者多者十余，少者五六辈，远者八九岁，近者数岁而反。

【译文】

当初，天子打开《易》书占卜，占卜的话是“神马当从西北来”。后来果然得到乌孙的良马，就取名叫“天马”。等到获得大宛的汗血马，更为健壮，就将乌孙马改名为“西极马”，大宛马名为“天马”。汉朝为了与西北诸国交通往来，开始在令居县以西修筑边塞，并设置了酒泉郡。以后派遣更多使者到达安息、奄蔡、犛靬、条支以及身毒等国。由于天子喜欢宛马，被派去取马的使者络绎不绝，相望于道，多则一次就数百人，少的也有一百余人，他们携带的财物和操持的使节，大致仿效博望侯张骞时的规格。从此以后对西域各国日益熟悉，派遣出使的人员和携带的财物便逐渐减少。汉朝大约每年派出的使者，多者十几批，少者五六批；路远的需八九年才能归来，路近的也需几年才能返回。

【原文】

是时，汉既灭越，蜀所通西南夷皆震，请吏。置牂柯、越嶲、益州、沈黎、文山郡，欲地接以前通大夏。乃遣使岁十余辈，出此初郡，皆复闭昆明，为所杀，夺币物。于是汉发兵击昆明，斩首数万。后复遣使，竟不得通。语在《西南夷传》。

【译文】

这时，汉朝已经征服了南越，经由蜀郡交通往来的西南夷各国都很震惊，纷纷请求汉朝派官员前去统辖。于是，汉朝在西南设置牂柯、越嶲、益州、沈黎、文山等郡，想使地界相接，一直向前通往大夏。于是在一年之内就派遣使者十多批，从这些新设置的郡出发，可是这些使者都在昆明遭到阻拦，使者们被杀害，财物被抢夺。汉朝发兵攻打昆明，杀死数万人。以后再派使者前往，但终究不能通过。这件事记载在《西南夷传》中。

【原文】

自骞开外国道以尊贵，其吏士争上书言外国奇怪利害，求使。天子为其绝远，非人所乐，听其言，予节，募吏民无问所从来，为具备人众遣之，以广其道。来还不能无侵盗币物，及使失指，天子为其习之，辄覆按致重罪，以激怒令赎，复求使。使端无穷，而轻犯法。其吏卒亦辄复盛推外国所有，言大者予节，言小者为副，故妄言无行之徒皆争相效。其使皆私县官赍物，欲贱市以私其利。外国亦厌汉使人人有言轻重，度汉兵远，不能至，而禁其食物，以苦汉使。汉使乏绝，责怨，至相攻击。楼兰、姑师小国，当空道，攻劫汉使王恢等尤甚。而匈奴奇兵又时时遮击之。使者争言外国利害，皆有城邑，兵弱易击。于是天子遣从票侯破奴将属国骑及郡兵数万以击胡，胡皆去。明年，击破姑师，虏楼兰王。酒泉列亭鄣至玉门矣。

【译文】

自从张骞因为开辟通往外国的道路而获得尊贵的地位，那些官吏和军士都争着上书，称说外国稀奇怪异的物产及通使往来的利害，请求派他们出使。天子认为出使到那些国家路途遥远，不是人们乐意前往的，因此同意他们的请求，授予使节，并招募官吏民众作为他们的随行。对于应募的人不论从什么地方来都录用，还为他们配备随从，遣送他们出使，以求广开交通西域的道路。等他们归还时，不可能不发现他们有侵盗钱物、出使违背天子的旨意等事。天子以为他们熟悉出使的规则等事宜，使审讯查问并判以重罪，以此来激怒他们，使他们再一次请求出使以赎罪。需要派人出使的事由层出不穷，而出使的人也不把犯法当作一回事。那些官吏和士卒也一再夸称外国的特产，夸口大的被授予使节，夸口小的被任为副使。这样，那些轻妄夸饰、品性不端的人都争相仿效。使官们都把朝廷交付携带的财物据为私有，并打算低价卖出，将得到的财利装人私囊。外国也厌恶汉朝使者各人称述国内情形轻重不一，又认为汉兵距离西域甚远，不能到来，便禁止供给他们食物，以使汉朝的使者们困苦。汉朝使者食物匮乏，便责怪怨恨，以致互相攻击。楼兰、姑师这些小国，正处在通往西域的道路上，他们攻击抢劫汉使王恢等人的财物尤其厉害。而匈奴派出的奇兵又常常阻拦劫击使者们使者们竞相陈说征讨西域的利害，并且还说那些国家都建有城邑，兵力薄弱，易于攻打。于是天子派遣从票侯赵破奴率领附属国的骑兵及郡兵几万人攻击不愿通好的胡人，这些胡人都逃遁而去。一年以后，打败了姑师，俘虏了楼兰王。于是从酒泉修筑亭鄣一直延伸到玉门一带。

【原文】

而大宛诸国发使随汉使来，观汉广大，以大鸟卵及犛靬眩人献于汉，天子大说。而汉使穷河源，其山多玉石，采来，天子案古图书，名河所出山曰昆仑云。

【译文】

大宛等国派使者随同汉使来到汉地，看见汉朝地域广大，他们将大鸟蛋及犛靬国的魔术师献给汉朝，天子非常高兴。汉使的足迹深人到了黄河的源头，那里的山上玉石很多，采掘来带给天子，天子查考了古代的书籍图册，便把黄河发源之山称为昆仑山。

【原文】

是时，上方数巡狩海上，乃悉从外国客，大都多人则过之，散财帛赏赐，厚具饶给之，以览视汉富厚焉。大角氐，出奇戏诸怪物，多聚观者，行赏赐，酒池肉林，令外国客遍观各仓库府臧之积，欲以见汉广大，倾骇之。及加其眩者之工，而角氐奇戏岁增变，其益兴，自此始。而外国使更来更去。大宛以西皆自恃远，尚骄恣，未可诎以礼羁縻而使也。

【译文】

那时，皇帝正多次到沿海一带巡游视察，便让所有外国使者随从而行，凡是大都会人口众多的就从那里经过，并散发钱财布帛以赏赐民众，拿丰厚的饮食供给他们，以示汉朝的财物丰厚富饶，使外国使者得以观览。设置角力杂技戏，演出奇戏，展出珍禽怪兽，使众多的人围观；摆出的酒很多，肉也很多，使使者到处观看各仓库储藏的财物，想以此显示汉朝的广大，使他们感到惊骇。并增加了那些魔术师的技艺，而角力杂戏等奇戏年年增添和变换节目，这类百戏杂耍日益兴盛，就是从那时开始的。外国使者此来彼往，前后不绝。然而大宛以西的国家都自恃遥远，仍旧对汉朝骄慢无礼，不能用礼义加以笼络使他们屈服而通使。

【原文】

汉使往既多，其少从率进孰于天子，言大宛有善马在贰师城，匿不肯示汉使。天子既好宛马，闻之甘心，使壮士车令等持千金及金马以请宛王贰师城善马。宛国饶汉物，相与谋曰："汉去我远，而盐水中数有败，出其北有胡寇，出其南乏水草，又且往往而绝邑，乏食者多。汉使数百人为辈来，常乏食，死者过半，是安能致大军乎？且贰师马，宛宝马也。"遂不肯予汉使。汉使怒，妄言，椎金马而去。宛中贵人怒曰："汉使至轻我！"遣汉使去，令其东边郁成王遮攻，杀汉使，取其财物。天子大怒。诸尝使宛姚定汉等言："宛兵弱，诚以汉兵不过三千人，强弩射之，即破宛矣。"天子以尝使浞野侯攻楼兰，以七百骑先至，虏其王，以定汉等言为然，而欲侯宠姬李氏，乃以李广利为将军，伐宛。

【译文】

汉朝派往西域的使者已是很多了，那些随从前去的年轻人就都纷纷把在西域熟知习见的事物向天子进言陈述，他们说大宛有一种良马养畜在贰师城中，被藏匿起来不让汉使看到。天子本就喜欢大宛的良马，听到这个消息，更加心悦神往，于是派遣壮士车令等人携带千金和金马前往大宛，请求换取贰师城的良马。大宛已有许多汉地的财物，并不稀罕金马金币，他们的大臣商量道："汉朝离我们很远，以前他们途经盐泽之地常有死亡损伤的，出盐泽以北有胡寇的侵掠；从盐泽以南走又缺乏水、草，并且没有城邑人居，缺乏食物的人很多。汉朝的使者几百人一批结队而来，常因缺乏粮食，死去的人超过半数，这样又岂能派大军前来？况且贰师马是我国的宝马。"这样大宛不肯把马给汉朝使者。汉使大怒，以轻妄的话大骂，椎碎了金马离开大宛。大宛贵臣愤怒地说："汉使也太轻视我宛国了！"于是遣送汉使离开，又指令宛国东部边境的郁成王拦截袭击，杀死了汉使，抢走了汉使的财物。天子得知后大怒。曾经出使过大宛的姚定汉等人建议说："大宛兵力薄弱，只需派出不超过三千人的汉兵，用强弩射击宛兵，就能攻破大宛。"天子曾经派浞野侯赵破奴攻打楼兰，他以七百骑兵先攻进楼兰，俘虏了楼兰王，天子以此认为姚定汉等人的建议可行。为了能让受宠爱的李夫人的兄弟有机会得到封侯，天子就任命李广利为将军，征伐大宛。

【原文】

骞孙猛，字子游，有俊才，元帝时为光禄大夫，使匈奴，给事中，为石显所谮，自杀。

【译文】

张骞的孙子名猛，字子游，有卓越的才能，元帝时任光禄大夫，出使过匈奴，做过给事中，后来遭石显诬陷而自杀。

【注释】

汉中：今陕西汉中东。

月氏：汉代西域国名。秦汉之际居敦煌与祁连间。汉文帝时被匈奴击败，大部分人西迁至今新疆伊犁河上游，称大月氏；少数没有西迁的人进入祁连山，称小月氏。

胡：古代对西方和北方各少数民族的泛称，此指匈奴。

大宛：古西域国名，西南与大月氏为邻，盛产名马。

康居：古西域国名。东邻乌孙，西达奄蔡，南接大月氏，东南与大宛交界。

大夏：中亚细亚古国名，今阿富汗北部一带。公元前3世纪至公元前2世纪之际强盛，后国土分裂、势衰，为大月氏所灭。

奉使君：堂邑父的封号。

蛮夷：对西域各国各族的泛称。

邛：汉代西南少数民族国名。

安息：亚洲西部古国名，地处伊朗高原。

设利朝：就是施利以诱令入朝。

犍为：郡名，今四川宜宾市西南。

氐：古民族名。秦汉时分布于今四川、陕西、甘肃等地区。

巂、昆明：我国西南古族名。

滇越：古部族名，今云南腾冲一带。

大将军：指卫青。

博望侯：侯爵名。

卫尉：官名，掌管宫门警卫，主南军。

右北平：郡名，今河北东北部。

金城：古县名，今甘肃兰州西北。

河西：古地区名，今甘肃、青海两省黄河以西，即河西走廊与湟水流域。

南山：今甘肃古浪西南。

盐泽：今新疆罗布泊地区。

乌孙：古族名。

布就：人名。

翎侯：乌孙官名。

塞：古族名。

昆弟：兄弟。

中郎将：官名。属光禄勋。

大行：官名，即大行令，汉武帝大初元年改名大鸿胪，掌接待宾客等事。

《易》：古代卜筮之书。

令居：县名，今甘肃永登西。

奄蔡：西域古族名。今咸海至黑海一带。

犛靬：汉西域国家之一。

条枝：古西域国名、地名，在安息西界，今伊拉克境内。

越：即南越，也作“南粤“。古代南方越人的一支。秦末建南越国。公元前111年汉灭南越，设置南海、苍梧、郁林、合浦、交趾、九真、日南、珠厓、儋耳九郡。

牂柯、越嶲、益州、沈黎、文山郡：皆汉置郡名，今我国西南地区。

失指：违背旨意。

覆按：反复审查。

端：事。

楼兰：古西域国名。今新疆罗布泊西。元凤四年（公元前77年）汉将傅介子杀其王安归，立尉屠耆为王，改名为鄯善。

姑师：车师，古西域国名。

遮：阻拦。

破奴：赵破奴，汉将。

亭鄣：古时在边防地带修筑的堡垒。

说：同“悦”，喜悦。

从：率领。

大角氐：古时的一种竞技表演，后泛指各种乐舞杂戏。

酒池肉林：形容酒肉极多，筵席奢华。

拙：屈服。羁縻笼络。

少从：汉时对随使而出外国的人的称呼，概指随从出使的年轻人。

贰师城：大宛城名。故址在今吉尔吉斯斯坦西南部地区。

饶：丰富，富有。

盐水：指盐泽地区，为沙碛之地。今罗布泊一带。

绝邑：没有城邑。

椎：捶击。

中贵人：指宛王左右的近臣。

浞野侯：汉将赵破奴的爵号。

李氏：武帝宠妃李夫人，李广利之妹。

光禄大夫：官名，即中大夫，汉武帝改为此名，掌顾问应对。

给事中：官名，为列侯、将军等的加官，常在皇帝左右侍从，备顾问应对等事。

谮：诬陷，说人坏话。

朱买臣传

朱买臣的故事是民间所熟悉的。朱买臣身为封建社会的知识分子，出身贫苦，喜好读书，不治产业，一心想以读书求取功名，换取荣华富贵。他只有依附于统治阶级而生存，并以统治阶级的是否收容来决定他的人生道路。本篇生动地描写了朱买臣一生的跌宕起伏：在贫贱时，受到别人的侮辱，连自己的妻子也羞愧不安而求去；等到爬上统治阶级高位，当了会稽太守，大家又都来奉承，他自己也趾高气扬起来。荣归故里后，对他有恩的，一一报答酬谢，并有意屈辱其前妻，使其惭愧自杀，我们于朱买臣的恩怨分明中可以观见他度量的狭窄。

【原文】

朱买臣字翁子，吴人也。家贫，好读书，不治产业，常艾薪樵，卖以给食，担束薪，行且诵书。其妻亦负戴相随，数止买臣毋歌呕道中。买臣愈益疾歌，妻羞之，求去。买臣笑曰："我年五十当富贵，今已四十余矣。女苦日久，待我富贵报女功。"妻恚怒曰："如公等，终饿死沟中耳，何能富贵？"买臣不能留，即听去。其后，买臣独行歌道中，负薪墓间。故妻与夫家俱上冢，见买臣饥寒，呼饭饮之。

【译文】

朱买臣字翁子，吴地人。家里很贫穷，但非常爱好读书。他不治产业，常常靠砍柴卖掉以后换回粮食维持生计。他背着一捆木柴，在路上边走边高声诵读书经。他的妻子背着木柴跟在他的后边，多次劝止买臣不让他在路上歌咏读书。买臣不听劝，歌咏的声音反而更大，他的妻子感到羞愧，请求离开他。朱买臣笑着说："我到五十岁的时候就会富贵了，如今我已经四十多岁了。你跟着我受苦很久了，等到我富贵的时候好好报答你的功劳。"妻子忿恨地说："像你这样的人，最后只能饿死在沟壑中，又怎么能够富贵呢？”朱买臣不能挽留住妻子，只好任凭她离去。之后，朱买臣自己在路上边走边歌咏，背着柴在墓间行走。他的前妻和丈夫都去上坟，看到朱买臣又冷又饿，召唤给他饭吃。

【原文】

后数岁，买臣随上计吏为卒，将重车至长安，诣阙上书，书久不报。待诏公车，粮用乏，上计吏卒更乞匄之。会邑子严助贵幸，荐买臣。召见，说《春秋》，言《楚词》，帝甚说之，拜买臣为中大夫，与严助俱侍中。是时，方筑朔方，公孙弘谏，以为罢敝中国。上使买臣难诎弘，语在《弘传》。后买臣坐事免，久之，召待诏。

【译文】

过了几年，朱买臣跟随上计吏为士卒，押送辎重车到长安。他到皇宫门前上送奏书，很久没有回音。于是在公车署里等待皇帝的诏令，粮食用品都没有了，上计吏的兵卒轮流送给他吃的东西。正赶上他的同县人严助受皇帝宠幸，严助向皇帝推荐了朱买臣。皇帝召见朱买臣，他谈说《春秋》，讲解《楚辞》，武帝很高兴，于是便封朱买臣为中大夫，与严助一起在宫廷侍奉皇帝。当时正要修筑朔方郡城，公孙弘上谏，认为修城会造成国家经济疲退，财政吃紧。皇帝让朱买臣去和公孙弘辩论以使其折服，这件事记载在《公孙弘传》中。后来，朱买臣因犯事被免职，过了很久，招来让他等待诏令。

【原文】

是时，东越数反覆，买臣因言："故东越王居保泉山，一人守险，千人不得上。今闻东越王更徙处南行，去泉山五百里，居大泽中。今发兵浮海，直指泉山，陈舟列兵，席卷南行，可破灭也。"上拜买臣会稽太守。上谓买臣曰："富贵不归故乡，如衣绣夜行，今子何如？"买臣顿首辞谢。诏买臣到郡，治楼船，备粮食、水战具，须诏书到，军与俱进。

【译文】

当时，东越国多次反叛，因此朱买臣说道："以前东越王居住守护在泉山之上，地势险要，一人守险，千人都攻不上去。如今我听说东越王迁徙南行换了地方，此地距离泉山五百里，在大泽中。现在如果派兵过海，直接攻击泉山，陈设舟船、排列士兵围攻，席卷南行，就可以攻破消灭东越国了。"于是皇帝封朱买臣为会稽太守。皇帝对朱买臣说："荣华富贵以后不返回故乡，就好比穿着锦绣衣服在夜间行走一样，你打算怎么办呀？"朱买臣叩头谢恩。下诏令朱买臣回到会稽郡，修造购买大兵船，准备粮食和一些水战用的器具，等诏书下发后，与大军一起前进。

【原文】

初，买臣免，待诏，常从会稽守邸者寄居饭食。拜为太守，买臣衣故衣，怀其印绶，步归郡邸。直上计时，会稽吏方相与群饮，不视买臣。买臣入室中，守邸与共食，食且饱，少见其绶。守邸怪之，前引其绶，视其印，会稽太守章也。守邸惊，出语上计掾吏。皆醉，大呼曰："妄诞耳！"守邸曰："试来视之。"其故人素轻买臣者入内视之，还走，疾呼曰："实然！"坐中惊骇，白守丞，相推排陈列中庭拜谒。买臣徐出户。有顷，长安厩吏乘驷马车来迎，买臣遂乘传去。会稽闻太守且至，发民除道，县长吏并送迎，车百余乘。入吴界，见其故妻、妻夫治道。买臣驻车，呼令后车载其夫妻，到太守舍，置园中，给食之。居一月，妻自经死，买臣乞其夫钱，令葬。悉召见故人与饮食诸尝有恩者，皆报复焉。

【译文】

起初，朱买臣被免了职，正等待着皇帝重新任命，日常就在会稽郡邸的守邸人那里借住吃饭。朝廷授予他会稽郡太守官职，买臣穿上过去罢免时穿的衣服，怀揣绶带官印，步行回到郡邸。正逢着上计官吏到京上报的时候，会稽郡那些上计官吏正聚集在一起饮酒，对朱买臣都不屑看上一眼。朱买臣走进内房，守邸人就和他一起吃饭。吃到快饱的时候，朱买臣稍微露出那系着官印的绶带。守邸人觉得那东西很奇怪，就上前抽出绶带，看到那方印章，正是会稽太守章。守邸人很吃惊，走出屋外告诉了上计官吏。官吏们都喝醉了，大叫大喊道：“乱说大话！”守邸人说：“你们试着进屋来看看看吧。”有位平素轻视朱买臣的旧相识走进室内看了官印，（吓得）回头就跑，高声嚷道：“的确如此！”在座的人都惊慌害怕起来，向守丞禀报，并赶忙相互推挤在中庭排成排拜谒朱买臣。朱买臣这时慢慢地从内室中走出来。过了一会，长安厩吏驾着驷马车来迎接朱买臣，于是他便乘坐着驿车离去。会稽的官员听说太守将到，征召百姓修整道路。县府官员都来迎接，车辆有一百多乘。到了吴界，朱买臣看见他的前妻及丈夫在修路，就停下车，叫后面的车子载上他们，送到太守府，并安置在园中，供给食物。过了一个月，他的妻子上吊而死。朱买臣给她丈夫银两，让他安葬。他还全部召见以前曾经给过他粮食以及对他有恩的朋友旧相识们，并一一回报他们。

【原文】

居岁余，买臣受诏将兵，与横海将军韩说等俱击破东越，有功。征入为主爵都尉，列于九卿。

【译文】

过了一年多，朱买臣接受诏令率领兵士，与横海将军韩说等人共同击败东越王，立下功劳。被征召到朝廷做了主爵都尉，列于九卿之中。

【原文】

数年，坐法免官，复为丞相长史。张汤为御史大夫。始买臣与严助俱侍中，贵用事，汤尚为小吏，趋走买臣等前。后汤以延尉治淮南狱，排陷严助，买臣怨汤。及买臣为长史，汤数行丞相事，知买臣素贵，故陵折之。买臣见汤，坐床上弗为礼。买臣深怨，常欲死之。后遂告汤阴事，汤自杀，上亦诛买臣。买臣子山拊官至郡守，右扶风。

【译文】

过了几年，朱买臣因犯法被免官，后又为丞相府长史。张汤为御史大夫。当初朱买臣与严助都在宫中侍奉皇帝，很受重用，张汤那时还是一个小官吏，奔走在朱买臣等人的身前效劳。后来张汤以廷尉的身份治理审问淮南王造反的案件，排挤陷害严助，朱买臣因此怨恨张汤。等到朱买臣为丞相长史，张汤多次执行办理丞相事务，他知道朱买臣一向自尊自贵，就故意欺侮凌辱他。朱买臣去拜见张汤的时候，张汤就坐在床上，不以礼相待。因此，朱买臣对张汤很怨恨，常想舍命害死他。后来朱买臣上告张汤的阴私事件，张汤自杀，皇帝也把朱买臣诛杀了。朱买臣的儿子朱山拊做到了郡守和右扶风。

【注释】

艾：通“刈”，砍割。

负：背在背上。戴：顶在头上。

呕：通“讴”，歌唱。

女：通“汝”，你。

饭饮：给予饮食。

上计：汉时，郡国的地方官每年派人到京师进呈会计薄籍。

重车：辎重之车，即装载器物、粮食的车子。

阙：皇宫门前。

公车：官署名。汉时，应征的人由公家用车马递送至京城后，就住在这里等待皇帝召见。

邑子：同县的人。

中大夫：官名，没有固定的职务。

朔方：郡名。汉武帝驱逐匈奴，收复今内蒙古自治区内黄河以南的地方，设立朔方郡，今内蒙古自治区鄂托克旗一带。

保：保卫守护。

泉山：山名，后称清源山，今福建泉州。

楼船：汉代的兵船。

须：等待。

守邸者：看守官邸的小吏。

直：正当。

上计时：地方官吏呈报考核文书之时。

掾吏：官吏。

妄诞：乱说大话。

守丞：辅助郡守县令的主要官吏。此指会稽郡丞。

自经：上吊自杀。

乞：给予。

主爵都尉：官名，管理列侯和封爵之事。武帝后来改名为右扶风。

长史：官名，汉相国、丞相府都有长史，为诸史的领导。

张汤：汉朝著名的酷吏，杜陵(今陕西西安东南)人，因为治陈皇后、淮南、衡山谋反之事，得到汉武帝的赏识。先后晋升为太中大夫、廷尉、御史大夫。与赵禹编定《越官律》、《朝律》等法律著作。用法主张严峻，常以春秋之义加以掩饰，以皇帝意旨为治狱准绳。曾助武帝推行盐铁专卖、告缗算缗，打击富商，剪除豪强。颇受武帝宠信，多行丞相事，权势远在丞相之上。元鼎二年十一月(公元前116年12月)，因为御史中丞李文及丞相长史朱买臣的诬陷，被强令自杀。死后家产不足五百金，皆得自俸禄及皇帝赏赐。张汤虽用法严酷，后人常以他作为酷吏的代表人物，但他为官清廉俭朴，不失为古代廉吏。

廷尉：官名，掌管刑罚。

淮南狱：公元前122年淮南王刘安谋反被发觉后所兴起的大案件。严助与淮南王结交，也被牵连。武帝想减轻其罪，而张汤坚持不可，严助因此被杀。

陵折：欺凌，折辱。

主父偃传

主父偃是西汉武帝时的一个重要政治人物。他的一生可谓大起大落，曾贫贱困顿无以为食，也曾富贵荣华列食五鼎，但最后身死名败，士争言其恶，可谓悲夫！

主父偃以对策入仕，深得武帝宠信，他提出削弱诸侯国势力，实行推恩法令；主张迁徙打击豪强；建言筑朔方抵抗匈奴。这些建议都被汉武帝采纳，对加强中央集权，维护中原统一具有积极作用。相比《汉书》其他篇章，本传语言生动凝练，较有文学欣赏价值。它以精悍的笔墨，塑造了一个有血有肉、性格鲜明的主人公形象，读来令人感慨不已。

【原文】

主父偃，齐国临菑人也。学长短从横术，晚乃学《易》、《春秋》、百家之言。游齐诸子间，诸儒生相与排傧，不容于齐。家贫，假貣无所得，北游燕、赵、中山，皆莫能厚，客甚困。以诸侯莫足游者，元光元年，乃西人关见卫将军。卫将军数言上，上不省。资用乏，留久，诸侯宾客多厌之，乃上书阙下。朝奏，暮召人见。所言九事，其八事为律令，一事谏伐匈奴，曰：臣闻明主不恶切谏以博观，忠臣不避重诛以直谏，是故事无遗策而功流万世。今臣不敢隐忠避死，以效愚计，愿陛下幸赦而少察之。

【译文】

主父偃，齐国临淄人士。早年学习战国纵横家的游说之术，后来学习《周易》、《春秋》及诸子百家学说。游说于齐国诸侯王子间，当地的众儒生联合起来排挤他，使之无法在齐国立足。主父偃家里贫穷，借贷无门，只好向北游于燕、赵、中山之地，但都没能得到厚待，客居他乡，生活困顿。他感到诸侯之中没有值得交游的了，于是于元光元年，向西入关拜见卫青大将军。卫青多次向武帝举荐他，武帝没有理会。主父偃资金匮乏，待得时间久了，各侯王贵族门下的宾客都很讨厌他，于是他自己上书给武帝。早上上的奏书，晚上便得到召见。书信中谈到了九件事，有八件是涉及律度法令的，有一件是劝谏讨伐匈奴事的，所说如下：

我听说圣明的君主不厌恶听取直言极谏来增广见闻，而忠心的臣子也会耿直劝谏，不会回避极刑，因此政事才不会失算，功绩才会流芳百世。如今我不敢隐藏忠心，回避极刑，大胆地来呈献自己的愚拙之计，希望陛下能不计我的失言之罪而稍微考虑一下我的意见。

【原文】

《司马法》曰："国虽大，好战必亡；天下虽平，忘战必危。"天下既平，天子大恺，春蒐秋狝，诸侯春振旅，秋治兵，所以不忘战也。且怒者逆德也，兵者凶器也，争者末节也。古之人君一怒必伏尸流血，故圣王重行之。夫务战胜，穷武事，未有不悔者也。

【译文】

《司马法》上说："国家虽强大，热衷于战争必定会灭亡；天下虽太平，忘记战争肯定会有危机。"天下已然太平，天子奏响大凯之音，并在春秋季节定期狩猎，各诸侯在春季整顿军队，秋季举行练兵仪式，这些都是没有忘记战争的缘故。况且愤怒有违仁爱，兵器为凶险器械，争斗属于大行的细枝末节。古代的君王一旦动怒便发动战争，以致死伤无数，故圣明贤王对待战争是很慎重的。那些好战争强，穷兵黩武的人，到最后没有不后悔的。

【原文】

昔秦皇帝任战胜之威，蚕食天下，并吞战国，海内为一，功齐三代。务胜不休，欲攻匈奴，李斯谏曰："不可。夫匈奴无城郭之居，委积之守，迁徙鸟举，难得而制。轻兵深入，粮食必绝；运粮以行，重不及事。得其地，不足以为利；得其民，不可调而守也。胜必弃之，非民父母。靡敝中国，甘心匈奴，非完计也。"秦皇帝不听，遂使蒙恬将兵而攻胡，却地千里，以河为境。地固泽卤，不生五谷，然后发天下丁男以守北河。暴兵露师十有余年，死者不可胜数，终不能逾河而北。是岂人众之不足，兵革之不备哉？其势不可也。又使天下飞刍輓粟，起于黄、腄、琅邪负海之郡，转输北河，率三十钟而致一石。男子疾耕不足于粮饷，女子纺绩不足于帷幕。百姓靡敝，孤寡老弱不能相养，道死者相望，盖天下始叛也。

【译文】

从前秦始皇凭着战无不胜的气魄，占领全天下，吞并六国，四海统一，其功绩堪比三代。但他求胜之心无休无止，又想攻打匈奴。李斯劝谏说："不可以。匈奴人不聚居在城邑，不积蓄物资，频频迁移，居无定所，很难彻底制服它。如果轻兵纵入，粮草必定难以为继；但若运粮随军，负担太重也不易成事。况且即使攻占了它的土地，也没有什么益处；掠取它的民众，也不可调民到中原真正拥有他们。也就是说即使得到胜利也必定要丢弃掉，这不是为民父母者应做的事情。宁愿空耗中原物资去攻伐匈奴，这不是一个周全的计谋。”秦始皇不听，于是派蒙恬率兵攻打匈奴。匈奴迁徙于千里之外，以黄河为边界。夺取的土地都是低洼盐碱地，五谷不生，于是征发天下成年男子来戍守北河。派遣军队驻守十多年，每日风吹雨淋，死的人不计其数，但最后始终也没有越过黄河再向北推进。这难道是人马不足，军备不强所致吗？是因为形势不允许。又让天下百姓夜以继日地运送粮草，从黄县、睡县、琅邪郡这些靠海的地方起，转运到北河，为了运送一石粟需要付出三十钟粮草的代价。天下男子拼命耕作也难以供应粮饷，女子纺丝织麻也不能满足军队帐幕的需求。百姓疲敝，孤儿寡妇老弱者不能养活自己，到处可见死于道路者，就这样，天下人开始反叛秦朝了。

【原文】

及至高皇帝定天下，略地于边，闻匈奴聚代谷之外而欲击之。御史成谏曰：“不可。夫匈奴，兽聚而鸟散，从之如搏景，今以陛下盛德攻匈奴，臣窃危之。”高帝不听，遂至代谷，果有平城之围。高帝悔之，乃使刘敬往结和亲，然后天下亡干戈之事。

【译文】

直至高祖皇帝平定天下，巡视边境时，听说匈奴在代谷附近聚集，便要去攻打。御史成劝谏说：“不可以。匈奴人像鸟兽般时聚时散，追逐他们就如同捕捉影子一样，如今以陛下的圣明恩德去攻打匈奴，臣自以为很危险。”汉高祖不听，于是率军到了代谷，果然在平城遭到围困。高皇帝很后悔，只好派刘敬跟匈奴和亲，此后天下才没有了战事。

【原文】

故《兵法》曰："兴师十万，日费千金。"秦常积众数十万人，虽有覆军杀将，系虏单于，适足以结怨深仇，不足以偿天下之费。夫匈奴行盗侵驱，所以为业，天性固然。上自虞夏殷周，固不程督，禽兽畜之，不比为人。夫不上观虞夏殷周之统，而下循近世之失，此臣之所以大恐，百姓所疾苦也。且夫兵久则变生，事苦则虑易。使边境之民靡敝愁苦，将吏相疑而外市，故尉佗、章邯得成其私，而秦政不行，权分二子，此得失之效也。故《周书》曰："安危在出令，存亡在所用。"愿陛下孰计之而加察焉。

【译文】

因此《孙子兵法》上说："凡发兵十万，一日耗费千金。"秦朝曾发起数十万兵进击匈奴，虽然也剿灭敌军，杀死大将，并俘获了他们的单于，但这只能使双方结怨更大，仇恨更深，不足以弥补天下人为此付出的代价。况且匈奴对侵犯掳掠已经习以为业，这是他们的本性所在。上自虞夏商周起就不对他们加以罪责，权当作禽兽养着，不把他们看作开化了的人类。如今不向上追溯虞夏商周的传统，却向下重蹈近代人的错误策略，这是我深感忧虑的原因，也是百姓所疾恶困苦的事情。况且驻兵久了就会滋生变故，服役艰苦便容易产生疑虑。让边境的百姓疲敝痛苦不堪，将士和官吏互相猜忌而导致卖国通敌，因此尉佗、章邯才会得以实现他们的私心，而使秦朝的政令无法在他们的管辖范围内推行，大权被他们掌握，这就是远征匈奴利弊的见证。因此《周书》上说：“天下的安危取决于天子的政令，国家的存亡取决于皇帝政策的使用。”希望陛下能认真考虑并详细考察我所说的问题。

【原文】

是时，徐乐、严安亦俱上书言世务。书奏，上召见三人，谓曰："公皆安在？何相见之晚也！"乃拜偃、乐、安皆为郎中。偃数上疏言事，迁谒者，中郎，中大夫。岁中四迁。

【译文】

当时，徐乐、严安也都上书给武帝陈述时势。奏书上奏后，武帝召见三人。对他们说："你们从哪里来？为何没能早点相见啊！"于是授命主父偃、徐乐、严安三人为郎中。主父偃多次上表奏章议论政事，先后被提升为谒者、中郎、中大夫之职。一年之中升迁了四次。

【原文】

偃说上曰："古者诸侯地不过百里，强弱之形易制。今诸侯或连城数十，地方千里，缓则骄奢易为淫乱，急则阻其强而合从以逆京师。今以法割削，则逆节萌起，前日朝错是也。今诸侯子弟或十数，而適嗣代立，余虽骨肉，无尺地之封，则仁孝之道不宣。愿陛下令诸侯得推恩分子弟，以地侯之。彼人人喜得所愿，上以德施，实分其国，必稍自销弱矣。"于是上从其计。又说上曰："茂陵初立，天下豪杰兼并之家，乱众民，皆可徙茂陵，内实京师，外销奸猾，此所谓不诛而害除。"上又从之。

【译文】

主父偃劝说武帝道："古代诸侯的封地方圆不过百里，无论实行强势政策还是怀柔政策都比较容易控制。如今诸侯国有的统治着数十座城邑，封地方圆千里，中央对他们的控制一旦松懈便开始骄奢放纵，容易做出大逆不道的事情；若监管得紧了，便仗着强大的实力相互勾结来对抗朝廷。如果朝廷颁布法令要削减他们的封地，就会萌生叛乱的想法，先前因晁错主张削藩而引起的七国之乱便是一个例子。现在诸侯王的子弟有的多达十几个，但只有嫡长子可以继承王位，其余的虽也是诸侯王的亲生骨肉，却没有半点封地，这样仁爱孝顺之道也得不到宣扬。希望陛下恩准各诸侯王将恩德推广，施惠于众子弟，给他们分封土地，使他们都成为诸侯。那样的话，每个人都可以如其所愿，表面上看武帝您推施的是恩德，实际上是在分割他们的封国，久而久之必定可以削弱诸侯国的势力。”于是汉武帝便采纳了他的建议。主父偃又劝谏道：“茂陵县刚刚建好，那些豪门富户及侵占他人产业的大族扰乱百姓，可以把他们都迁徙到茂陵来，既可充实京城的人口，又可削弱奸诈之徒的势力，这就是人们所说的不动刑罚便可除害的方法。”汉武帝也采纳了。

【原文】

尊立卫皇后及发燕王定国阴事，偃有功焉。大臣皆畏其口，赂遗累千金。或说偃曰：“大横！”偃曰：“臣结发游学四十余年，身不得遂，亲不以为子，昆弟不收，宾客弃我，我厄日久矣。丈夫生不五鼎食，死则五鼎亨耳！吾日暮，故倒行逆施之。”

【译文】

在尊立卫皇后及揭发燕王刘定国逆伦违法这两件事情上，主父偃都立下了功劳。大臣们都惧怕他的那张利嘴，行贿他的财物累计达千金。有人批评他说：“你太张狂骄横了！”主父偃说：“我从年轻时开始游历四方，已达四十多年，始终不能成就功名，父母不把我当儿子看，兄弟不以我为兄弟，诸侯王的门客联合起来排挤我，我遭受苦难的日子太长了。大丈夫活着的时候不能拥有列食五鼎的荣华富贵，纵然是死了也要尝试一下五鼎烹的酷刑！现在我年纪越来越大了，因此才会不择手段地违犯常理。”

【原文】

偃盛言朔方地肥饶，外阻河，蒙恬筑城以逐匈奴，内省转输戍漕，广中国，灭胡之本也。上览其说，下公卿议，皆言不便。公孙弘曰："秦时尝发三十万众筑北河，终不可就，已而弃之。"朱买臣难诎弘，遂置朔方，本偃计也。

【译文】

主父偃极力陈说朔方郡土地肥沃，物产丰饶，外有黄河天然险阻，蒙恬在这里修筑防御工事来驱逐匈奴，对国内可省却转运粮草和军队必需品的麻烦，又拓展了中原版图，是剿灭匈奴的根本。汉武帝听了他的建议后，把这件事交由公卿商议，众大臣都不同意。公孙弘说："秦朝曾经发兵三十万在北河驻守，始终不能成功，后来便放弃了。"朱买臣与公孙弘辩难，使其屈服，于是设立了朔方郡，这本是根据主父偃所献之策做的。

【原文】

元朔中，偃言齐王内有淫失之行，上拜偃为齐相。至齐，遍召昆弟宾客，散五百金予之，数曰："始吾贫时，昆弟不我衣食，宾客不我内门，今吾相齐，诸君迎我或千里。吾与诸君绝矣，毋复入偃之门！"乃使人以王与姊奸事动王。王以为终不得脱，恐效燕王论死，乃自杀。

【译文】

汉武帝元朔年间，主父偃上奏说齐王行为放荡，内有淫乱，武帝便任命主父偃为齐国佐相，派往齐国。主父偃到齐国后，把原来的兄弟宾客都召到府中，散发五百金，数落他们说："起初我贫贱时，兄弟不接济我衣食，宾客不让我进内，如今我为齐相，你们有的便跑到千里之外去迎接我。我和诸位从此断绝关系，以后不要再进我主父偃的家门了！"之后，便派人用齐王与他姐姐通奸之事触动齐王。齐王自认为最终不能免于惩罚，唯恐像燕王刘定国那样被判处死刑，便自杀了。

【原文】

偃始为布衣时，尝游燕、赵，及其贵，发燕事。赵王恐其为国患，欲上书言其阴事，为居中，不敢发。及其为齐相，出关，即使人上书，告偃受诸侯金，以故诸侯子多以得封者。及齐王以自杀闻，上大怒，以为偃劫其王令自杀，乃征下吏治。偃服受诸侯之金，实不劫齐王令自杀。上欲勿诛，公孙弘争曰："齐王自杀无后，国除为郡，入汉，偃本首恶，非诛偃无以谢天下。"乃遂族偃。

【译文】

当初主父偃为平民时，曾经在燕、赵游历，后来做了官，便揭发了燕国隐藏的种种违法之事。赵王刘彭祖害怕他成为赵国的祸患，打算上书揭发主父偃暗中做的一些坏事，但因为他一直身在朝中，故迟迟不敢揭发。等到主父偃到齐国当佐相，离开关中时，便即刻让人上书给武帝，告发主父偃收受诸侯王贿金，因此诸侯王的子弟才得以分封土地成为侯主。又恰好齐王自杀的消息传到朝中，武帝龙颜大怒，以为是主父偃胁迫齐王而导致他自杀的，于是征召回主父偃，并交给官吏审问。主父偃承认收受诸侯王贿金之事，但确实不曾胁迫齐王自杀。武帝不想杀他，但公孙弘争谏说："齐王自杀后，无子孙可继承王位，齐国降为郡，归入朝廷，主父偃是第一大罪人，不杀主父偃不足以向天下人交代。"于是诛灭主父偃全家。

【原文】

偃方贵幸时，客以千数，及族死，无一人视，独孔车收葬焉。上闻之，以车为长者。

【译文】

当主父偃受恩宠显贵时，门下宾客数以千计，及至身死家灭，没有一个人出来看视，只有一个叫孔车的人出来收葬他。武帝听说后，认为孔车是个忠厚有德之人。

【注释】

主父：复姓。据说为战国时赵武灵王的后裔。

齐国：西汉诸侯国名，今山东东北部。

长短从横术：战国时策士游说献策各国的名词，指陈述利害、游说君王的方法。”从横“同“纵横”，即合纵连横。

《易》：儒家经典《周易》的简称，西汉初年被列为“经”书，尊称《易经》。内容主要包括“经”和“传”两部分：“经”主要是六十四卦的卦形符号与卦爻辞；“传”是阐释《周易》经文的专著，共计七种十篇。

《春秋》：鲁国的编年史。据说曾经孔子修订，是中国第一部编年体史书。

百家之言：战国时期形成的诸子百家学说。

诸子：诸侯王子。

燕、赵、中山：皆西汉诸侯国名。燕，今北京西南隅。赵，今河北邯郸。中山，今河北定县。

元光：汉武帝第二个年号。公元前134—公元前129年。

卫将军：卫青，任大司马大将军。

阙下：宫阙之下，帝王所居宫廷。此指皇帝。

博观：广泛观察，增广见闻。

重诛：极刑，严厉的惩罚。

《司马法》：古代著名兵书，约成书于战国时期。

大恺：亦作“大凯”，古代军队凯旋时所奏的音乐。

振旅：整顿部队，操练士兵。

秦皇帝：秦始皇嬴政。战国时秦王，统一六国，建立秦朝，自称为始皇。

三代：即夏、商、周三朝。

匈奴：古代对我国北方游牧民族的称谓。

李斯：战国末楚国上蔡人，辅佐秦始皇统一六国后为丞相，加强君主专制中央政权统治中起重要作用，参与制定法律，统一车轨、文字、度量衡等。后被赵高所杀。

城郭：城是内城的墙，郭是外城的墙，泛指城邑。

蒙恬：姬姓，蒙氏，名恬，祖籍齐国(今山东省蒙阴县)人，秦朝著名将领。蒙恬出身于一个世代名将之家。祖父蒙骜、父亲蒙武均为秦国名将，深受家庭环境的熏陶，自幼胸怀大志。公元前221年，蒙恬被封为将军，攻齐，因破齐有功被拜为内史 ，其弟蒙毅也位至上卿。蒙氏兄弟深得秦始皇的尊宠，蒙恬担任外事，蒙毅常为内谋，当时号称"忠信"。其他诸将都不敢与他们争宠。秦统一六国后，蒙恬率三十万大军北击匈奴。收复河南地(今内蒙古河套南鄂尔多斯市一带)，修筑西起陇西的临洮(今甘肃岷县)，东至辽东(今辽宁境内)的万里长城，征战北疆十多年，威震匈奴。公元前210年冬，秦始皇病死，中车府令赵高同丞相李斯、公子胡亥暗中谋划政变，立胡亥太子。胡亥即位后，赐死蒙氏兄弟，蒙恬吞药自杀。据传蒙恬曾改良过毛笔，他是中国西北最早的开发者，也是古代开发宁夏第一人。

河：古代的“河”特指黄河。

泽卤：地势低洼的盐碱地。

五谷：指稻、黍、稷、麦、豆五种粮食作物。

北河：清代以前，黄河自今内蒙古磴口县以下分为南北两支，北支称“北河”，今河套一带地区。

黄：县名，今山东黄县。

琅邪：郡名，今山东诸城。

高皇帝：即汉高祖刘邦。汉朝开国皇帝。

代谷：地名。

成：人名。

搏：捕捉。

平城之围：也称白登之围。汉高祖七年，刘邦率大军对敌匈奴的冒顿单于，在平城白登山被围困七日，后靠陈平献计解围。平城，县名，今山西大同东北。

刘敬：即娄敬，因功赐姓刘氏。汉朝史上首倡对匈奴的和亲政策。

兵法：即《孙子兵法》，春秋末齐国人孙武所作，共十三篇，是我们现存最早的兵书，享有“兵学圣典“的美誉。

单于：匈奴君主的称号。

虞：有虞氏，远古部落名。舜帝为其后裔。

夏：中国第一个阶级王朝，相传为禹所建。

殷：即商朝。从成汤至盘庚曾五次迁都，盘庚迁殷后亦称殷商。

周：周王朝，分西周和东周两个时期，东周又分春秋和战国。

程督：罪责。

外市：勾结外族，通敌。

尉佗：即南越王赵佗，秦时为南海尉，故称尉佗，汉高祖时受封为南越王。

章邯：字少荣。秦末大将，巨鹿之战为项羽所败，又受赵高疑忌而降项羽，楚汉战争时被刘邦击败自杀。

二子：指尉佗和章邯。

徐乐：汉燕郡无终人（今天津蓟县），是武帝重要的文学侍臣之一。

严安：汉临淄人（今山东淄博），亦武帝文学侍从，后卫骑马令。

谒者：官名，掌宾赞之事，即为天子传令。

中郎：官名，郎官的一种，属郎中令，管理车、骑、门户，担任皇帝侍卫和随从。

中大夫：官名，掌议论，后改名为光禄大夫。

说：劝说，游说。

適嗣：正妻所生的儿子。適，通“嫡”，嫡长子。

卫皇后：名不详，字子夫。西汉平阳（今山西临汾）人，汉武帝刘彻的第二任皇后，大司马大将军卫青是她的弟弟，大司马骠骑将军霍去病是她的外甥，生有一男三女，男为戾太子刘据，女为卫长、诸邑、石邑三位公主。卫子夫建元二年入宫，第二年怀孕后被封为夫人。元朔元年卫子夫生下刘彻长子刘据，被立为皇后。在她被立为皇后的第38年，即征和二年（前91年）的巫蛊之祸中，卫子夫母子等人遭江充等人陷害，不能自明，自杀。十八年后汉宣帝刘询以皇后礼重新厚葬她，追谥号曰“思”，建园置周卫。史称孝武卫思后。

燕王定国：燕王刘泽的孙子刘定国，武帝时因淫乱畏罪自杀，国除为郡。

结发：古代男子自成童时开始束发。谓之结发。而汉代成年人才束发。

昆弟：兄弟。

五鼎食：周代士食三鼎，大夫五鼎。列五鼎而食，形容高官贵族的豪奢生活。

五鼎亨：古代一种酷刑，用鼎烹煮人。鼎，古代烹煮器皿。一般是三足两耳。亨，同“烹”。

日暮：用太阳快落山比喻人将要年老。

朔方：郡名。今内蒙古杭锦旗北。

公孙弘：汉淄川国薛人。汉武帝时以文学儒士入仕，官至丞相，封平津侯。

朱买臣：西汉会稽吴人，家贫好学。任会稽太守，常为武帝文学侍从之臣。

元朔：汉武帝第三个年号（公元前128年—公元前123年）。

齐王：汉诸侯王刘次景，后畏罪自杀。

数：责备，数落。

布衣：麻布衣服。古代老百姓只能穿麻布衣服，故称老百姓为

“布衣“。后世不做官的读书人也自称“布衣“。

赵王：赵王刘彭祖，汉景帝与贾夫人之子。

居中：身在朝中。

族：古代的一种残酷刑罚，一人有罪，全家受戮。

孔车：人名。

东方朔传

东方朔，武帝时上书自荐而入仕，滑稽多智，敢于直言切谏，曾以辞赋谏武帝戒奢侈。因他诙谐，武帝以俳优待之，故终不得重用。《答客难》《非有先生论》是其辞赋名篇，其中散文赋《答客难》，抒发了其不能施展才智的苦闷。

本文节选了《东方朔传》的前半部分。文中以一些具体生动的事实，刻画了东方朔直言不讳、诙谐不羁的性格形象。传中既有一些富有喜剧色彩的故事，言语诙谐多智，如欺骗戏弄侏儒、射覆、拔剑割肉等；又有表现东方朔“直言切谏“的历史事实，如反对武帝微行和修建上林苑、痛斥董偃引诱皇帝、劝谏武帝戒侈以风化百姓等。东方朔的直言和暗讽，曾使武帝以及一些宗室大臣、外戚的肆无忌惮的胡作非为在一定程度上有所收敛，因此东方朔这个历史人物，也就为当时和后世人民所称道了。

【原文】

东方朔字曼倩，平原厌次人也。武帝初即位，征天下举方正贤良文学材力之士，待以不次之位，四方士多上书言得失，自衒鬻者以千数，其不足采者辄报闻罢。朔初来，上书曰："臣朔少失父母，长养兄嫂。年十三学书，三冬文史足用。十五学击剑。十六学《诗》《书》，诵二十二万言。十九学孙吴兵法，战阵之具，钲鼓之教，亦诵二十二万言。凡臣朔固已诵四十四万言。又常服子路之言。臣朔年二十二，长九尺三寸，目若悬珠，齿若编贝，勇若孟贲，捷若庆忌，廉若鲍叔，信若尾生。若此，可以为天子大臣矣。臣朔昧死再拜以闻。"

【译文】

东方朔字曼倩，是平原郡厌次县人。汉武帝即位不久，征请全国各地推举方正、贤良、文学等有才能的人士，以破格授给的职位任用他们，各地的士人纷纷上书谈论国家政治的得失，炫耀卖弄自己才能的人数以千计，其中不值得录用的就通知他们，说上书已经看了，可以回家去了。东方朔刚到长安，上书给武帝说道："我东方朔从小失去父母，由哥嫂抚养长大。十三岁开始读书识字，三年间掌握了各种字体的写法。十五岁学击剑。十六岁学习《诗经》《尚书》，背诵了二十二万字。十九岁学习孙吴兵法，有关战阵的布置、作战时队伍进退的节制等篇，也背诵了二十二万字。我一共已经习诵了四十四万字的书。还牢记了子路的一些格言。我今年二十二岁，身高九尺三寸，眼睛像挂起的珍珠那样明亮，牙齿像编起来的贝壳那样整齐洁白，像孟贲一样勇敢，像庆忌一样敏捷，像鲍叔一样廉洁，像尾生一样守信。像这样的人，可以做陛下的大臣了。我东方朔冒死再拜向陛下禀告。”

【原文】

朔文辞不逊，高自称誉，上伟之，令待诏公车，奉禄薄，未得省见。

【译文】

东方朔上书的文辞不谦逊，赞扬抬高自己，汉武帝却认为他奇伟，命令他在公车署等待诏令，但俸禄微薄，没有被武帝察纳召见。

【原文】

久之，朔绐驺朱儒，曰："上以若曹无益于县官，耕田力作固不及人，临众处官不能治民，从军击虏不任兵事，无益于国用，徒索衣食，今欲尽杀若曹。"朱儒大恐，啼泣。朔教曰："上即过，叩头请罪。"居有顷，闻上过，朱儒皆号泣顿首。上问："何为？"对曰："东方朔言上欲尽诛臣等。"上知朔多端，召问朔："何恐朱儒为？"对曰："臣朔生亦言，死亦言。朱儒长三尺余，奉一囊粟，钱二百四十。臣朔长九尺余，亦奉一囊粟，钱二百四十。朱儒饱欲死，臣朔饥欲死。臣言可用，幸异其礼；不可用，罢之，无令但索长安米。"上大笑，因使待诏金马门，稍得亲近。

【译文】

过了很久，有一次东方朔欺骗宫中看马圈的侏儒们，说道："武帝认为你们这些人对朝廷毫无益处，耕田力作当然赶不上别人，居于民众之上做官又不能治理民事，从军杀敌不能胜任作战之事，对国家没有益处，白白地耗费衣食，所以皇帝想杀光你们。"侏儒们很是害怕，哭哭啼啼。于是东方朔教唆他们说："皇帝就要从这里经过，你们要叩头请罪。”过了不久，听说武帝路过，侏儒们都跪在地上，一边哭着一边磕头。武帝问：你们为什么这样啊？”侏儒们回答说：“东方朔说陛下想把我们全都杀死。”武帝知道东方朔花招诡计多，召见并责问东方朔：“你为什么要恐吓那些侏儒呢？”东方朔回答说：“我活也要说，死也要说。侏儒高刚过三尺，俸禄是一袋粟，钱是二百四十。我身高九尺有余，俸禄也是一袋粟，钱也是二百四十。侏儒饱得要死，我东方朔饿得要死。我的话如可被采用，希望用不同的礼节待我；不可采用，请让我回家，不要让我白吃长安米。”皇帝听后大笑，就让东方朔在金马门待诏，渐渐得到武帝的亲近。

【原文】

上尝使诸数家射覆，置守宫盂下，射之，皆不能中。朔自赞曰：“臣尝受《易》，请射之。”乃别蓍布卦而对曰：“臣以为龙又无角，谓之为蛇又有足，跂跂脉脉善缘壁，是非守宫即蜥蜴。”上曰：“善。”赐帛十匹。复使射他物，连中，辄赐帛。

【译文】

皇帝曾经让一些擅长卜筮的人射覆，把壁虎扣在盆子下面，让他们猜，都没猜中。东方朔自我介绍说：“我曾学过《易经》，请允许我猜猜是什么。”于是他分开蓍草摆成卦局，然后回答说：“我以为，说它是龙又没有角，说它是蛇又有脚，跂跂而行脉脉视，善爬壁，这物不是壁虎就是蜥蜴。”武帝说：“猜得对！”赏赐给他十匹帛。又让他猜别的东西，接连都猜中了，每次都赏给他布帛。

【原文】

时有幸倡郭舍人，滑稽不穷，常侍左右，曰：“朔狂，幸中耳，非至数也。臣愿令朔复射，朔中之，臣榜百，不能中，臣赐帛。”乃覆树上寄生，令朔射之。朔曰：“是窭数也。”舍人曰：“果知朔不能中也。”朔曰：“生肉为脍，干肉为脯；著树为寄生，盆下为窭数。”上令倡监榜舍人，舍人不胜痛，呼謈。朔笑之曰：“咄！口无毛，声謷謷，尻益高。”舍人恚曰：“朔擅诋欺天子从官，当弃市。”上问朔：“何故诋之？”对曰：“臣非敢诋之，乃与为隐耳。”上曰：“隐云何？”朔曰：“夫口无毛者，狗窦也；声謷謷者，鸟哺鷇也；尻益高者，鹤俛啄也。”舍人不服，因曰：“臣愿复问朔隐语，不知，亦当榜。”即妄为谐语曰：“令壶龃，老柏涂，伊优亚，狋吽牙。何谓也？”朔曰：“令者，命也。壶者，所以盛也。龃者，齿不正也。老者，人所敬也。柏者，鬼之廷也。涂者，渐洳径也。伊优亚者，辞未定也。狋吽牙者，两犬争也。”舍人所问，朔应声辄对，变诈锋出，莫能穷者，左右大惊。上以朔为常侍郎，遂得爱幸。

【译文】

当时宫中有个受宠的倡优叫郭舍人，能言善辩，非常幽默风趣，时常在武帝左右侍从。他说：“东方朔太狂妄，不过是侥幸猜中罢了，并不是实在的数术。我希望让他再猜，如果他能猜中，就鞭打我一百下，否则，就赏给我布帛。”于是把树上长得寄生菌扣在盆子下面，让东方朔猜。东方朔说：“是窭数。”郭舍人说：“果然知道他不能猜中。”东方朔说：“鲜肉叫脍，干肉叫脯，附着在树上叫寄生，在盆子下面就叫窭数。”武帝命令乐工监督鞭打郭舍人，郭舍人忍不住痛，大声呼叫。东方朔讥笑他说：“咄，嘴上无毛，叫声嗷嗷，屁股越来越高。”郭舍人怨恨地说：“东方朔竟敢随意诋毁欺辱天子的侍从官，应该判他弃市的死罪。”汉武帝责问东方朔说：“你为什么诋毁他？”东方朔回答道：“我不敢诋毁他，只是给他说了个谜语。”武帝说：“说了个什么谜语？”东方朔说，所说的嘴上无毛，就是狗洞；叫声嗷嗷，是母鸟给雏鸟喂食时的鸣叫；屁股越来越高，那是鹤低头啄食的样子。”郭舍人不服气，说：“我想再问东方朔一个谜语，如果不知道，也应该鞭打。”随即编了个谐音的谜语说：“令壶龃，老柏涂，伊优亚，狋吽牙。说的是什么？”东方朔说：“令，就是命令。壶，是用来盛水的。龃，是牙齿长得不正。老，是人所尊敬的老人。柏，是鬼的廷府。涂，就是潮湿的路。伊优亚，是说话含糊不清。狋吽牙，是两只狗打架。”郭舍人问的谜语，东方朔应声对答，变化奇巧锋芒毕出，没有哪个谜语能难住他，在场的人都很惊讶。于是武帝任命东方朔为常侍郎，得到了亲近和宠幸。

【原文】

久之，伏日，诏赐从官肉。大官丞日晏不来，朔独拔剑割肉，谓其同官曰："伏日当蚤归，请受赐。"即怀肉去。大官奏之。朔入，上曰："昨赐肉，不待诏，以剑割肉而去之，何也？"朔免冠谢。上曰："先生起，自责也！"朔再拜曰："朔来！朔来！受赐不待诏，何无礼也！拔剑割肉，壹何壮也！割之不多，又何廉也！归遗细君，又何仁也！"上笑曰："使先生自责，乃反自誉！"复赐酒一石，肉百斤，归遗细君。

【译文】

过了很久，在一个三伏天，武帝命令把肉赏赐给侍从官员。天晚了大官丞还不来分肉，东方朔便独自拔剑割肉，并对他的同僚说："三伏天应该早点回家，请允许我接受皇帝的赏赐。"说完便携带着肉离去了。大官丞把这件事上奏给了武帝。东方朔上朝时，武帝说："昨天赐肉，你不等诏令下来，就用剑割了肉离开，这是为什么啊？"东方朔脱下帽子谢罪。武帝说："先生站起来责备自己吧！"东方朔再拜说："东方朔呀！东方朔呀！你受皇帝的赏赐不待诏令下，是多么的无礼！

拔剑割肉，行为是多么豪壮！割得肉不多，又是多么的廉洁！回家把肉送给妻子吃，又是多么的仁爱！”武帝笑了起来，说：“让先生责备自己，竟反而称赞起自己了。”又赏给他一石酒，一百斤肉，让他回家送给妻子。

【原文】

初，建元三年，微行始出，北至池阳，西至黄山，南猎长杨，东游宜春。微行常用饮酎已。八九月中，与侍中常侍武骑及待诏陇西北地良家子能骑射者期诸殿门，故有"期门"之号自此始。微行以夜漏下十刻乃出，常称平阳侯。旦明，入山下驰射鹿豕狐兔，手格熊罴，驰骛禾稼稻粳之地。民皆号呼骂詈，相聚会，自言鄠杜令。令往，欲谒平阳侯，诸骑欲击鞭之。令大怒，使吏呵止，猎者数骑见留，乃示以乘舆物，久之乃得去。时夜出夕还，后赍五日粮，会朝长信宫，上大欢乐之。是后，南山下乃知微行数出也，然尚迫于太后，未敢远出。丞相御史知指，乃使右辅都尉徼循长杨以东，右内史发小民共待会所。后乃私置更衣，从宣曲以南十二所，中休更衣，投宿诸宫，长杨、五柞、倍阳、宣曲尤幸。于是上以为道远劳苦，又为百姓所患，乃使太中大夫吾丘寿王与待诏能用算者二人，举籍阿城以南，盩厔以东，宜春以西，提封顷亩，乃其贾直，欲除以为上林苑，属之南山。又诏中尉、左右内史表属县草田，欲以偿鄠杜之民。吾丘寿王奏事，上大说称善。时朔在傍，进谏曰：

【译文】

当初，在建元三年，汉武帝开始便装出行，从长安出发，往北到了池阳宫，往西到了黄山宫，往南到了长杨宫，往东到了宜春宫，四处游玩射猎。武帝便装出行往往在每年宗庙饮酎完毕的时候。八、九月间，随从的侍中、常侍、武骑常侍，以及待诏的陇西和北地郡的能骑善射的良家子弟候于殿门等待，因此这个时候开始有了"期门"的称号。武帝微服出行都在夜漏下了十刻便出发，常常假称是平阳侯曹寿。第二天天亮，进人终南山下，或追射鹿猪狐兔，或徒手搏击熊罴，奔驰在庄稼地里。农民都大声呼喊叫骂，并聚在一起，亲自向鄠杜县令告发。县令前往射猎的地方，要求谒见平阳侯，那些骑手想要鞭打县令。县令大怒，命令吏员呵叱制止，射猎的几个骑手被扣留，他们便出示武帝的御物，纠缠了好大一会儿才得离去。当时武帝深夜出宫，到第二天傍晚返回，后来就带上五天的食品，到第五天该到长信宫谒见太后时才返回，汉武帝对于这种便服出游射猎感到十分快乐。从此以后，终南山下老百姓才知道是武帝经常微服出来射猎，但武帝还是迫于太后的压力，不敢远行。丞相御史了解武帝的心思，就派右辅都尉在长杨以东巡逻，又命令右内史在武帝射猎的地方调遣平民，供武帝使用。后来又私下为武帝设立了更衣处，并配备宫人，从宣曲宫以南，共设了十二所更衣处，专供武帝白天休息更衣，夜晚则到各行宫住宿，当时武帝多临驾长杨宫、五柞宫、倍阳宫、宣曲宫。汉武帝觉得这样路远劳苦，又被百姓所厌恨，便命令太中大夫吾丘寿王与两个会计算的待诏官员，将阿房宫以南，周至县以东，宜春宫以西的地区，统计其中农田的亩数，及所折合的价值，计算登录，编成簿册，打算在这里建上林苑，使它与终南山相接。武帝又诏令中尉、左右内史标划出属县的荒草地，想以此抵偿给鄠杜的农民。吾丘寿王向武帝奏上了所做的事，武帝很高兴，称赞他做得好。当时东方朔在旁边，他规谏皇帝说：

【原文】

臣闻谦逊静悫，天表之应，应之以福；骄溢靡丽，天表之应，应之以异。今陛下累郎台，恐其不高也；弋猎之处，恐其不广也。如天不为变，则三辅之地尽可以为苑，何必盩厔、鄠杜乎！奢侈越制，天为之变，上林虽小，臣尚以为大也。

【译文】

我听说为人谦逊清静诚谨，天会显示征兆，用福泽来报答他；为人骄纵奢侈，天会显示征兆，用灾祸来报复他。现今陛下修建台室廊屋，唯恐它不高；射猎的地方，唯恐它不广大。如果天不降灾难，那么整个三辅地区都可以成为您弋猎的苑囿，何必局限于周至、鄠杜这个范围呢？奢侈超越了礼制，天为此降临灾难，上林苑虽小，我却认为它太大了。

【原文】

夫南山，天下之阻也，南有江淮，北有河渭，其地从汧陇以东，商雒以西，厥壤肥饶。汉兴，去三河之地，止霸产以西，都泾渭之南，此所谓天下陆海之地，秦之所以虏西戎兼山东者也。其山出玉石，金、银、铜、铁、豫章、檀、柘，异类之物，不可胜原，此百工所取给，万民所卬足也。又有粳稻梨栗桑麻竹箭之饶，土宜姜芋，水多鼃鱼，贫者得以人给家足，无饥寒之忧。故酆镐之间号为土膏，其贾亩一金。今规以为苑，绝陂池水泽之利，而取民膏腴之地，上乏国家之用，下夺农桑之业，弃成功，就败事，损耗五谷，是其不可一也。且盛荆棘之林，而长养麋鹿，广狐兔之苑，大虎狼之虚，又坏人冢墓，发人室庐，令幼弱怀土而思，耆老泣涕而悲，是其不可二也。斥而营之，垣而囿之，骑驰东西，车骛南北，又有深沟大渠，夫一日之乐不足以危无隄之舆，是其不可三也。故务苑囿之大，不恤农时，非所以强国富人也。

【译文】

终南山是天下险要的地方，南边有长江、淮河，北边有黄河、渭水。这块地域，起自汧水、陇山以东，直抵商县与上洛县以西，土壤肥沃，物产丰饶。汉朝建立的时候，离开三河郡，居留在灞水、浐水以西，定都于泾水、渭水以南的长安，这一带是被称为天下有山川之胜物产富饶的地方，秦国之所以能降服西戎吞并山东六国，就有这个原因。这一带山上出产玉石、金、银、铜、铁等矿产，又出产豫章、檀香、柘树等珍贵木材，奇异的物产，不可穷尽它的原本，这里有工匠取之不尽的原料，是老百姓赖以生活致富的宝地。这里又有粳稻、梨树、栗子树、桑、麻、竹箭的富饶，土壤适宜种植姜和芋头，江河盛产蛙、鱼，贫穷的人靠这些丰衣足食，没有饥寒之忧。所以鄠县、镐京之间号称沃土膏壤，这里的地价每亩值一斤黄金。如果把它圈为苑囿，断绝了陂池水泽的利益，而又占取了农民肥沃的土地，对上使国家财用匮乏，对下剥夺了百姓赖以生存的农桑之业，离弃成功，趋就失败，损耗消减了粮食收入，这是不可修上林苑的第一个原因。况且，在盛产荆棘木材的树林里，而生长养育麋鹿，使狐兔活动的园地增广，使虎狼栖息的丘墟扩大，又毁坏百姓的坟墓，拆除百姓居室屋庐，使幼弱的人怀念乡土而愁思，年老人涕泣而悲哀，这是不可修建上林苑的第二个原因。开拓丈量土地而营造上林，筑垣墙圈围上林，骑马奔驰于东西，驾车纵奔于南北，又有深沟大渠，尽一日田猎的欢乐还远不足以危及天子无限的富贵，这是不可修上林苑的第三个原因。因此，一味追求苑囿的广大，不体恤农时，不是强国富民的作法。

【原文】

夫殷作九市之宫而诸侯畔，灵王起章华之台而楚民散，秦兴阿房之殿而天下乱。粪土愚臣，忘生触死，逆盛意，犯隆指，罪当万死，不胜大愿，愿陈《泰阶六符》，以观天变，不可不省。

【译文】

殷纣王修建九市之宫，因而诸侯反叛；楚灵王筑起章华台，因而楚民离散；秦朝兴建阿房宫，因而天下大乱。我是像粪土一样的愚昧臣子，冒着生命危险而触犯死罪，背逆陛下隆盛的旨意，罪该万死，不能了却报答陛下的心愿，我愿陈述《泰阶六符》经，用它来观察天的变异，这是不可不明察的。

【原文】

是日因奏《泰阶》之事，上乃拜朔为太中大夫、给事中，赐黄金百斤。然遂起上林苑，如寿王所奏云。

【译文】

这天东方朔因为上奏《泰阶六符》的事，汉武帝封东方朔做了太中大夫、给事中，并赏赐黄金一百斤。然而武帝仍然按照吾丘寿王所奏的计划，修建了上林苑。

【原文】

久之，隆虑公主子昭平君尚帝女夷安公主，隆虑主病困，以金千斤钱千万为昭平君豫赎死罪，上许之。隆虑主卒，昭平君日骄，醉杀主傅，狱系内官。以公主子，廷尉上请请论。左右人人为言："前又人赎，陛下许之。"上曰："吾弟老有是一子，死以属我。"于是为之垂涕叹息，良久曰："法令者，先帝所造也，用弟故而诬先帝之法，吾何面目人高庙乎！又下负万民。"乃可其奏，哀不能自止，左右尽悲。朔前上寿，曰："臣闻圣王为政，赏不避仇雠，诛不择骨肉。《书》曰：'不偏不党，王道荡荡'。此二者，五帝所重，三王所难也。陛下行之，是以四海之内元元之民各得其所，天下幸甚！臣朔奉觞，昧死再拜上万岁寿。"上乃起，人省中，夕时召让朔，曰："传曰'时然后言，人不厌其言'。今先生上寿，时乎？"朔免冠顿首曰："臣闻乐太甚则阳溢，哀太甚则阴损，阴阳变则心气动，心气动则精神散，精神散而邪气及。销忧者莫若酒，臣朔所以上寿者，明陛下正而不阿，因以止哀也。愚不知忌讳，当死。"先是，朔尝醉人殿中，小遗殿上，劾不敬。有诏免为庶人，待诏宦者署，因此对复为中郎，赐帛百匹。

【译文】

过了很久，隆虑公主的儿子昭平君，娶了汉武帝的女儿夷安公主。隆虑公主病危的时候，用黄金千斤、钱一千万为儿子昭平君预先赎免死罪，武帝允许了她。隆虑公主死后，昭平君日益骄纵，有一次喝醉了酒，杀死了夷安公主的保姆，被收进监狱囚禁在内宫。因为他是公主的儿子，廷尉向武帝请示，请求给昭平君定罪。武帝左右大臣纷纷替昭平君说好话："以前隆虑公主用重金为他赎过死罪，陛下已经允许了这件事的。"武帝说："我妹妹到了老年，才生了这么个儿子，临死把他嘱托给我。"武帝于是为昭平君的事流泪叹气，过了好大一会才说："法令，是先帝制定的，因为同情妹妹的缘故而违背先帝的法令，我还有什么脸面进入高帝的祠庙呢？再说也对不起老百姓啊。"于是批准了廷尉的奏请，为此武帝哀痛不止，左右的人也很悲伤。东方朔却走向前向武帝祝寿说："我听说，圣明的君主治理政事，行赏不避开仇人，诛杀不论是不是亲骨肉。《尚书》上说：'不偏私不袒护，先王的道路才能坦荡无阻。'这两句话，是五帝所推重的，是三王也感到为难的。陛下这样做了，因此四海之内平民百姓各得其所，是国家的大幸！我东方朔敬献一杯酒，冒死再拜，祝武帝万岁。”武帝竟起身，回后宫去了，傍晚时召见东方朔，责备他说：“古书上说：‘应该说话的时候才说话，别人就不讨厌他的话。’先生今天为我祝寿，是时候吗？”东方朔摘下帽子叩头说：“我听说，高兴过度就阳气太盛，悲哀过度就阴气亏损，阴阳变异失衡就会心气激动，心气激动就会使精神散乱，精神散乱邪气就乘虚而入。消愁解忧没有比酒更有效的了，我给陛下祝寿的缘由，是为了明扬陛下刚正无私，所以才用酒为您止哀。我愚昧不知忌讳，罪该万死。”在这以前，东方朔曾因喝醉了酒进人殿中，在殿上小便，被弹劾犯了大不敬之罪，武帝下令把他贬为平民，在宦官署待诏，因为这次与武帝的对话，重新被任命为中郎，赏赐帛一百匹。

【原文】

初，帝姑馆陶公主号窦太主，堂邑侯陈午尚之。午死，主寡居，年五十余矣，近幸董偃。始偃与母以卖珠为事，偃年十三，随母出人主家。左右言其姣好，主召见，曰；“吾为母养之。”因留第中，教书计相马御射，颇读传记。至年十八而冠，出则执辔，入则侍内。为人温柔爱人，以主故，诸公接之，名称城中，号曰董君。主因推令散财交士，令中府曰：“董君所发，一日金满百斤，钱满百万，帛满千匹，乃白之。”安陵爰叔者，爰盎兄子也，与偃善，谓偃曰：“足下私侍汉主，挟不测之罪，将欲安处乎？”偃惧曰：“忧之久矣，不知所以。”爰叔曰：“顾城庙远无宿宫，又有萩竹籍田，足下何不白主献长门园？此上所欲也。如是，上知计出于足下也，则安枕而卧，长无惨怛之忧。久之不然，上且请之，于足下何如？”偃顿首曰：“敬奉教。”人言之主，主立奏书献之。上大说，更名窦太主园为长门宫。主大喜，使偃以黄金百斤为爰叔寿。

【译文】

当初，武帝的姑母馆陶公主称为窦太主，堂邑侯陈午娶了她。陈午死后，太主寡居，五十多岁了，却宠幸一个叫董偃的年轻人。本来董偃与他的母亲以卖珠来谋生，那时董偃十三岁，跟随母亲经常出入窦太主家。窦太主的侍从都夸董偃长得俊美，于是窦太主召见了董偃母子，对董偃母亲说："我替你抚养这个孩子吧。"因此把他留在府中，教他写字、算术、相马、驾车、射猎等，还让他读了一些书。到十八岁成年时行了加冠礼后，太主出门他驾车，太主在家他在身边侍奉。董偃性情温柔爱护别人，因为窦太主喜欢他的缘故，一些有地位的人也都接待他，在长安城中很出名，都称呼他"董君"。窦太主为了推荐他，让他用钱财与士人结交，并命令中府说："董君所支取的财物，每天金达到一百斤，钱达到一百万，帛达到一千匹，才告诉我。"安陵人爰叔，是爰盎哥哥的儿子，与董偃关系很好，他对董偃说："你私下里侍奉窦太主，暗藏着难以预料的大祸，你将怎样自处呢？"董偃恐惧地说："我担心这件事已经很久了，不知用什么办法解决。"爰叔说："顾城庙离长安远又没有供武帝居住的宿宫，再说那里有一片竹林和楸树林，可供皇帝游玩，又有皇帝的籍田，实在没有地方可建宿宫，你为什么不禀告太主，把长门园献给皇帝呢？这正是皇帝想要的地方。这样做，皇帝知道是你出的主意，那你就可以安枕无忧，永远不用恐惧优伤了。如果不这样做，等到皇帝要长门园，你怎么办呢？”董偃点头说：“遵从您的教诲。”于是，董偃入府把这个主意告诉了太主，太主立即上书，把长门园献给武帝。武帝很高兴，把窦太主的长门园改名为长门宫。太主也很高兴，让董偃用一百斤黄金给爰叔祝寿。

【原文】

叔因是为董君画求见上之策，令主称疾不朝。上往临疾，问所欲，主辞谢曰：“妾幸蒙陛下厚恩，先帝遗德，奉朝请之礼，备臣妾之仪，列为公主，赏赐邑入，隆天重地，死无以塞责。一日卒有不胜洒扫之职，先狗马填沟壑，窃有所恨，不胜大愿，愿陛下时忘万事，养精游神，从中掖庭回舆，枉路临妾山林，得献觞上寿，娱乐左右。如是而死，何恨之有！”上曰：“主何忧？幸得愈。恐群臣从官多，大为主费。”上还，有顷，主疾愈，起谒，上以钱千万从主饮。后数日，上临山林，主自执宰敝膝，道入登阶就坐。坐未定，上曰：“愿谒主人翁。”主乃下殿，去簪珥，徒跣顿首谢曰：“妾无状，负陛下，身当伏诛。陛下不致之法，顿首死罪。”有诏谢。主簪履起，之东箱自引董君。董君绿帻傅鞲，随主前，伏殿下。主乃赞：“馆陶公主胞人臣偃昧死再拜谒。”因叩头谢，上为之起。有诏赐衣冠上。偃起，走就衣冠。主自奉食进觞。当是时，董君见尊不名，称为“主人翁”，饮大欢乐。主乃请赐将军列侯从官金钱杂缯各有数。于是董君贵宠，天下莫不闻。郡国狗马蹴鞠剑客辐凑董氏。常从游戏北宫，驰逐平乐，观鸡鞠之会，角狗马之足，上大欢乐之。于是上为窦太主置酒宣室，使谒者引内董君。

【译文】

爰叔因此为董偃求见皇帝出谋划策，让太主假装有病不能朝见武帝。武帝亲自到窦太主府上探视病情，问太主需要什么，太主辞谢说："我幸运地得到陛下的厚恩、先帝的遗德，使我能参与奉朝请的大典，行君臣之礼，置身公主的行列，赏赐给我封地并使我享有封地的收入，这恩德天高地厚，我即使是死也无法弥补自己的过错。如果有一天我猝然不能尽侍奉陛下的职事死去，私下有遗憾的是，不能了却我报答陛下的一片心愿，希望陛下有时也能忘掉朝中的事务，调养精神，从中掖庭返回宫中时，顺道多弯点儿路光临我的寒舍，使我有机会敬献一杯酒给陛下祝寿，娱乐在您身边的人。如能这样，即使是死了，还有什么可遗憾的！"武帝说："太主担忧什么？希望你早日康复，我只是担心跟随我的群臣侍卫太多，让你太破费了。"武帝返回宫去。不久，太主病好了，上朝谒见武帝，武帝以钱一千万办酒宴同太主宴饮。过了几天，武帝来到太主府，太主穿上厨子的围裙，亲自引路而入，请武帝登上台阶在大厅就座。武帝还没坐定，就说："希望见见主人翁。"太主急忙下殿，摘下簪子和耳饰，赤着脚磕头请罪说：

“我没有脸面见人，辜负了陛下，犯下了死罪。陛下不加罪于我，我磕头请罪。”武帝下诏免太主的罪。太主戴上簪子穿上鞋站起来，前往东厢房里领董偃出来。董偃戴着绿帻，臂上套着袖套，一副仆役的打扮，随着太主走到殿前，俯伏在殿下。太主于是介绍说：“馆陶公主的厨子董偃冒死罪拜见陛下。”董偃叩头请罪，武帝让他起来。下诏赐给他衣帽上殿。董偃起身，忙去换衣服就座。太主亲自给武帝敬酒献食。在这个时候，董偃虽被尊重但没有称号，只是称呼为主人翁，席上君臣开怀痛饮。于是太主奉献了许多黄金、钱、杂色丝帛，请武帝赏赐给将军、列侯以及从官们。从此董偃更加显贵尊宠，国内没有不知道他的。各郡国那些赛狗的、跑马的、踢球的、弄剑的，纷纷聚集到董偃那里。董偃经常陪同武帝在北宫游戏，到平乐观射猎、观看踢球、斗鸡、赛狗、跑马等比赛场面，武帝对于这样的游玩也十分高兴。于是皇帝在宣室设酒宴招待窦太主，让谒者引董偃进宫。

【原文】

是时，朔陛戟殿下，辟戟而前曰："董偃有斩罪三，安得人乎？"上曰："何谓也？"朔曰："偃以人臣私侍公主，其罪一也。败男女之化，而乱婚姻之礼，伤王制，其罪二也。陛下富于春秋，方积思于《六经》，留神于王事，驰骛于唐虞，折节于三代，偃不遵经劝学，反以靡丽为右，奢侈为务，尽狗马之乐，极耳目之欲，行邪枉之道，径淫辟之路，是乃国家之大贼，人主之大蜮。偃为淫首，其罪三也。昔伯姬燔而诸侯惮，奈何乎陛下？"上默然不应，良久曰："吾业以设饮，后而自改。"朔曰："不可。夫宣室者，先帝之正处也，非法度之政不得入焉。故淫乱之渐，其变为篡，是以竖貂为淫而易牙作患，庆父死而鲁国全，管蔡诛而周室安。"上曰："善。"有诏止，更置酒北宫，引董君从东司马门。东司马门更名东交门。赐朔黄金三十斤。董君之宠由是日衰，至年三十而终。后数岁，窦太主卒，与董君会葬于霸陵。是后，公主贵人多逾礼制，自董偃始。

【译文】

这时候，东方朔正持戟站在殿下，他放下戟走向前对武帝说："董偃犯有三条该杀的罪，怎么能让他进宫呢？”武帝说：“是什么罪？”东方朔说：“董偃身为陛下的臣民，私下伺候公主，这是第一条罪。败坏男女之间的风化，扰乱婚姻的大礼，破坏朝廷制度，这是第二条罪。陛下年富力强，正应该用心学习《六经》，留心于国家的政事，追随唐、虞盛世，钦服夏商周三代的贤君，董偃不遵从经典不劝勉学习，反而崇尚华丽，追求奢侈，极尽狗马声色之欲望，走的是淫佚邪恶的歪道。这个人正是国家的大贼，迷惑皇上的阴险小人。董偃是淫佚邪恶的祸首，这是他的第三条罪状。从前春秋时，宋恭姬遇到火灾，为了恪守礼制等待保姆而被烧死，从而受到了各诸侯的敬佩，陛下看怎么办？”武帝沉默不回答，好大一会才说：“我已经摆下了酒宴，以后改正就是了。”东方朔说：“不行。宣室是先帝的正殿，不是商讨国家大事不得入内。因为淫乱开了头，就会演变成篡位作乱的大祸，所以古时竖貂行为淫乱而与易牙相谋作乱，庆父死了鲁国才得保全，杀了管叔、蔡叔周王室才能安定。”武帝说：“好吧。”于是命令不在宣室设宴，把酒宴改设在北宫，引董偃从东司马门进宫。把东司马门改名为东交门。赏赐给东方朔黄金三十斤。从此以后，董偃享受的尊宠日益衰落，活到三十岁就死了。又过了几年，窦太主也去世了，与董偃合葬在霸陵。这以后，公主贵人多有越礼的行为，就是从董偃开始的。

【原文】

时，天下侈靡趋末，百姓多离农亩。上从容问朔："吾欲化民，岂有道乎？"朔对曰："尧、舜、禹、汤、文、武、成、康上古之事，经历数千载，尚难言也，臣不敢陈。愿近述孝文皇帝之时，当世耆老皆闻见之。贵为天子，富有四海，身衣弋绨，足履革舄，以韦带剑，莞蒲为席，兵木无刃，衣缊无文，集上书囊以为殿帷；以道德为丽，以仁义为准。于是天下望风成俗，昭然化之。今陛下以城中为小，图起建章，左凤阙，右神明，号称千门万户；木土衣绮绣，狗马被缋罽；宫人簪玳瑁，垂珠玑；设戏车，教驰逐，饰文采，丛珍怪；撞万石之钟，击雷霆之鼓，作俳优，舞郑女。上为淫侈如此，而欲使民独不奢侈失农，事之难者也。陛下诚能用臣朔之计，推甲乙之帐燔之于四通之衢，却走马示不复用，则尧舜之隆宜可与比治矣。《易》曰：'正其本，万事理；失之毫厘，差以千里。'愿陛下留意察之。"

【译文】

当时天下风气奢华，争相从事工商业，老百姓纷纷离开农田。有一天武帝随便问东方朔："我想教化老百姓，有什么办法吗？"东方朔回答说："尧、舜、禹、汤、文王、武王、成王、康王这都是上古的事，大都经历了数千年，难说明白，臣不敢陈述。我愿意就近说说孝文帝时候的事，这是当今在世的老人都知道的情形。文帝贵为天子，拥有四海之内的财富，但是，文帝身上穿着黑粗布做的衣服，脚上穿着生皮做的鞋，用韦皮带挂着剑，铺着莞蒲编的草席，兵器像木制的那样没有利刃，穿着不带文采用旧絮铺衬的棉衣，收集装奏章的青布袋用以缝成宫殿帷幕。文帝以道德高尚为美，以仁义为准绳。所以老百姓都仰望他的风范，蔚然成为当时淳厚的风俗，彰明昭著地教化了天下的民众。如今陛下嫌长安城地方小，在城外建起建章宫，左边修了凤阙，右边修了神明台，号称千门万户；宫内土木裹着锦绣丝绸，狗马披着五彩毛毯；宫人头上簪着玳瑁，身上佩挂珠玑；设置杂耍玩车倡导驰逐游猎之乐，追求装饰的文采华丽，大量搜集珍奇怪异之物；宫内撞响百石的大钟，敲击响若雷霆的大鼓，乐人演戏，郑女起舞。陛下这样的奢侈无度，而想使老百姓不奢侈，不弃农经商，这是难以做到的事。陛下如真能采用我东方朔的建议，撤去许许多多华丽的帷帐，在四通八达的大街上烧掉，放弃那些善跑的良马并不再骑用，那就只有尧舜盛世才能与陛下的功业相媲美了。《易经》上说：‘理正事物的本源，万事才有条理；开始失误毫厘，最后就会相差千里。’望陛下能用心考虑上面所说的事。”

【原文】

朔虽诙笑，然时观察颜色，直言切谏，上常用之。自公卿在位，朔皆敖弄，无所为屈。

【译文】

东方朔说话虽然诙谐调笑，然而他时常观察武帝的脸色情绪，适时地直言进谏，武帝常常采用他的意见。从公卿到在位的群臣，东方朔都轻视嘲弄，没有什么人是他所屈从的。

【注释】

平原：郡名，包括今山东平原、陵县、禹城、齐河、临邑、商河、惠民、阳信等地。厌次：县名，在今山东惠民东北。

不次：不拘于常格。

三冬：三年。

文：文字各体的写法。

字。汉制，学童满十七岁能读写九千字以上，才可应试为郡县吏；

郡守又选拔优秀，移送太史令，考试及格，得为尚书令史。

《诗》：《诗经》。

《书》：《尚书》。

孙吴：先秦两位著名的军事家。孙，指孙武，春秋时齐国人，著《孙子》十三篇。吴，指吴起，战国时魏国人。

钮鼓之教：古代军事训练。行军时敲赶表示停止，击鼓表示行动。此处用“钲鼓“代表军事。

子路：姓仲名由，又名季路，孔子的学生，性情耿直勇敢。

孟贲：战国时有名的勇士，传说他能活拔牛角。

庆忌：春秋时吴王僚的儿子，行动敏捷灵活，传说他能走追奔兽，手接飞鸟，驷马追不上，箭射不着。

鲍叔：鲍叔牙，春秋时齐国的大夫，有名的廉士。传说他与管仲合作经商，分盈利，总是多分与管仲。

尾生：传说中的古代守信用之士。曾约一女子桥下相会，女子没来，潮水上涨，他为了不失信约，抱住桥柱子被淹死。

公车：汉代官署名，掌管宫殿中司马门的警卫工作，并接待上书的臣民。

多端：计谋多。

金马门：汉未央宫前有铜马，因称为金马门。武帝使学士待诏于此，充任顾问。

数家：研究占候、卜筮、星命的人。

射覆：猜测被覆盖之物，是古代近于占卜的一种游戏。

守宫：壁虎。

赞：进，介绍。

别：分。

跂跂：虫爬行的样子。

脉脉：凝视的样子。

幸倡：得宠的宫廷倡优。

滑稽：能言善辩，幽默风趣。

咄：叹词，表示轻蔑或呵叱。

謷訾：众人愁叹声。

弃市：古代死刑的一种，在闹市执刑，并陈尸街头示众。

隐：隐语，即谜语。

柏者，鬼之廷也：墓地多种柏树，故称鬼廷。

渐洳：浸湿。

大官丞：官名，掌管宫廷膳食。

晏：晚。

来：语气词。

细君：东方朔妻子之名。一说，古代诸侯的妻称小君，也称细君，后为妻子的通称。

建元三年：公元前138年。

微行：化装出行，不让人从装束上看出他的身份。

池阳：汉宫名，今陕西泾阳西北。

黄山：汉宫名，今陕西兴平西南。

长杨：汉宫名，今陕西周至东南。

宜春：汉宫名，今陕西长安东南。

饮酎：宗庙里一种隆重祭祀。汉制，八月饮酎于宗庙酎，醇酒。

陇西北地：汉时郡名，今甘肃、宁夏一带。

期门：汉官名，执兵器护送皇帝出入。

夜漏：古代夜间用铜壶漏水，以计时刻。

平阳侯：曹寿，娶武帝姊为妻，甚为尊宠。

格：击，斗。

鄠杜：今陕西鄠县。

长信宫：汉宫名，太后所居。皇帝每五天朝谒一次太后。

指：通“旨”，意旨。

右辅都尉：官名，西汉以京兆、冯翊、扶风为三辅。元鼎四年更置三辅都尉。

徼循：巡逻。

右内史：汉官名，掌治京师。景帝二年分置左右内史，武帝太初元年右内史为京兆尹，左内史为左冯翊。

五柞、倍阳、宣曲：皆汉宫名。

幸：特指皇帝到某处去。

举籍：统计其数，编制图册。

阿城：秦阿房宫旧址，今长安西。

盩厔：县名，今陕西。

提封：提举四境之内的土地，总计其数字。

直：价值。

郎：通“廊”，室外有顶的过道。

南山：指终南山。

商：地名，今陕西商县东。

雒：地名，今陕西商县。

三河：地名。西汉以河内、河南、河东三郡为三河，今河南洛阳黄河南北一带。

陆海之地：关中山川物产丰富，故称陆海之地。

西戎：西部边境部落的总称。

山东：秦汉时称崤山、华山以东地区为山东。

鄠：地名，今陕西鄠县东。

镐：地名，今陕西长安西南。

斥：丈量。

隄：限度。

章华之台：春秋时楚灵王所建，今湖北监利西北。

泰阶：星名，即三台，每台二星，凡六星。

六符：六星的应验。古人以为天星与世事相符合，如有变故，则天上先示变异。传说黄帝著有《泰阶六符》经，这里也可作书名讲。

隆虑：县名，汉置，后避殇帝讳，改为林虑，今河南林县。

尚：特指娶公主为妻。

主傅：傅姆，即保姆。

内官：官署名。

不偏不党，王道荡荡：不偏私不袒护，先王的道路才能坦荡无阻。

五帝：传说中的五位古代帝王，伏羲、神农、黄帝、尧、舜。

三王：夏禹、商汤、周文王。

省中：汉时称宫中为禁中，到元帝时，因皇后父名禁，避讳改为省中。

窦太主：馆陶公主是窦太后的女儿，故称窦太主。汉制，皇帝的女儿称公主，皇帝的姐妹称长公主，皇帝的姑母称太主。

计：算术。

推：引荐。

中府：官名，掌管金帛。

爰盎：字丝，文帝时为中郎将，常直言极谏。

顾城庙：文帝的庙。

长门园：窦太主园在长门，长门在长安城东南。

说：同“悦”，高兴。

邑入：指食邑内的租赋收入。

卒：通“猝”，突然。

山林：此代指窦太主府第。

执宰敝膝：穿上厨子的围裙。

道：同“导”，引导，引路。

簪：插定发髻的首饰。

珥：用珠玉做的耳饰。

箱：同“厢”，厢房。

绿帻：古时侍役戴的帽子。

傅韝：袖套。

蹴鞠古时一种踢球游戏。

平乐：观名，在上林苑中。

鸡鞠：斗鸡戏。

角：比赛。

宣室：未央宫前殿的正室。

陛戟：持戟立在阶前。

富于春秋：犹言年富力强，来日方长。春秋，年龄。

《六经》：指《易经》《尚书》《诗经》《春秋》《仪礼》《乐记》。

唐：陶唐氏。传说中远古部落名，尧为部落酋长。

虞：有虞氏，传说中远古部落名，舜为部落酋长。

折节：钦服。三代：夏、商、周称为三代。

蜮：虫名，相传它能含沙射人，比喻阴险小人。

伯姬：春秋时宋恭姬，宫中失火时，她守礼等待保姆，被烧死。

竖貂、易牙：都是春秋时齐桓公的内监，甚为得宠，桓公病，相谋作乱。

庆父：春秋时鲁桓公的儿子，庄公的弟弟。庄公死后，庆父杀了庄公的儿子闵公作乱，失败后逃莒国。僖公继位后，以重金请莒国送回庆父，途中庆父自杀，僖公正式继位。

管、蔡：指管叔鲜和蔡叔度，都是周武王的弟弟。武王死后，成王年幼，周公摄政，管、蔡联合纣的儿子武庚作乱，后来武庚、管叔被杀，蔡叔被流放。

趋末：争相从事工商业。古时农为本，工商为末业。

莞蒲：皆为草名，都可以制席。

衣缊：旧絮铺成的衣服。

上书囊：封奏章用的青布袋。

建章：宫名，汉武帝所建，在未央宫西，长安城外。

凤阙：建章宫的门馆。

神明：建章宫的台名，祭祀神仙的地方。

玳瑁：动物名，类似海龟，背面角质板具褐色和淡黄色相间的花纹。

诙笑：嘲谑，发言可笑。

敖：同“傲”，轻视。

杨恽传

本传节选自《汉书·公孙刘田王杨蔡陈郑传》，杨恽传记附于其父杨敞传后。杨恽是司马迁的外孙，熟读《史记》，很有才能，宣帝时因告发霍氏谋反有功被封为平通侯，官至诸吏光禄勋。

杨恽为人轻财好义，有着卓越的政治才能，为官廉洁无私。但是因为自矜其才，其性又刻薄不容人，爱揭发别人的阴私，由是多结怨于朝中，最终被诬告免官，贬为平民。退居乡间后，治理产业，自娱自乐，但其高傲之性不改，在给朋友孙会宗的回信中表露出对现实政治的不满，对自己所受朝廷的不公正贬压充满怨恨，从而触怒朝廷，被处以腰斩，妻子儿女也遭流放。班固在本传中通过选取杨恽的做官、为人、回信等几个典型的生活事例，形象地刻画出了杨恽的为人处事，是《汉书》中写得较好的传记之一。

【原文】

忠弟恽，字子幼，以忠任为郎，补常侍骑。恽母，司马迁女也。恽始读外祖《太史公记》，颇为《春秋》。以材能称。好交英俊诸儒，名显朝廷，擢为左曹。霍氏谋反，恽先闻知，因侍中金安上以闻，召见言状。霍氏伏诛，恽等五人皆封，恽为平通侯，迁中郎将。

【译文】

杨忠的弟弟杨恽，字子幼，凭借杨忠的官位被任命为郎官，补任常侍骑。杨恽的母亲，是司马迁的女儿。杨恽开始先读外祖父写的《太史公记》，对《春秋》颇有心得。因有才能称名于世。他喜欢结交那些才智杰出的儒生，在朝廷里也很有名望，被提拔为左曹。霍氏阴谋反叛，杨恽先听说了，他通过侍中金安上上传给宣帝，于是杨恽被宣帝召见并向宣帝禀报了霍氏谋反的事。霍氏家族伏法被杀，杨恽等五人因为告发有功被封了爵位，杨恽封为平通侯，升任中郎将。

【原文】

郎官故事，令郎出钱市财用，给文书，乃得出，名曰“山郎”。移病尽一日，辄偿一沐，或至岁余不得沐。其豪富郎，日出游戏，或行钱得善部。货赂流行，传相放效。恽为中郎将，罢山郎，移长度大司农，以给财用。其疾病休谒洗沐，皆以法令从事。郎、谒者有罪过，辄奏免，荐举其高弟有行能者，至郡守九卿。郎官化之，莫不自厉，绝请谒货赂之端，令行禁止，宫殿之内翕然同声。由是擢为诸吏光禄勋，亲近用事。

【译文】

郎中的旧例，是要郎官自己出钱支付财务用度，供给文书，才得到出任加官的机会，所以又名“山郎”。郎官告病假满一天，就要用一个休假日来补偿，有的郎官长达一年得不到休假。那些豪门富家出身的郎官，整日游玩作乐，有的用钱财行贿，就可以谋到好的部门职务。因此贿赂之风盛行，大家都争相仿效。杨恽担任中郎将，免除了“山郎”的旧例，把郎官衙署一年的支付计划移交大司农，由大司农供给财务用度。郎官的病假、探亲假、休沐假，都依照法令来办理。郎官、谒者当中犯有罪过的，立即奏明罢免，并推举郎官中品德高尚才能卓越的加官，有的提升到郡守九卿。郎官因此受到感化，个个激励自己奋发努力，断绝了求情送礼的弊端，有令就行，有禁就止，宫殿内郎官们协调一致。因此提拔杨恽做了诸吏光禄勋，作为皇帝的亲信大臣处理政事。

【原文】

初，恽受父财五百万，及身封侯，皆以分宗族。后母无子，财亦数百万，死皆予恽，恽尽复分后母昆弟。再受訾千余万，皆以分施。其轻财好义如此。

【译文】

当初，杨恽接受了父亲的钱财五百万，等到自己被封为平通侯后，就把这些钱财全部分给同宗族的人了。他的继母没有儿子，也有几百万财产，死后都留给了杨恽，他又都分给了继母的兄弟们。杨恽两次继承钱财总共一千余万，全部分给了别人。他就是这样的轻财好义。

【原文】

恽居殿中，廉洁无私，郎官称公平。然恽伐其行治，又性刻害，好发人阴伏，同位有忤己者，必欲害之，以其能高人。由是多怨于朝廷，与太仆戴长乐相失，卒以是败。

【译文】

杨恽在宫廷做官，廉洁无私，郎官都称赞他公正。然而杨恽爱夸耀自己的品行和处理政事的能力，又加上他生性刻薄不容人，喜欢揭发别人的阴私，同事中如有触犯自己的，一定想办法损害他，依仗自己才能而高傲凌人。因此在朝廷中得罪了很多人，与太仆戴长乐关系不和，最终因为这件事损害了自己。

【原文】

长乐者，宣帝在民间时与相知，及即位，拔擢亲近。长乐尝使行事肄宗庙，还谓掾史曰："我亲面见受诏，副帝肄，秺侯御。"人有上书告长乐非所宜言，事下廷尉。长乐疑恽教人告之，亦上书告恽罪："高昌侯车犇入北掖门，诨语富平侯张延寿曰：'闻前曾有犇车抵殿门，门关折，马死，而昭帝崩。今复如此，天时，非人力也。'左冯翊韩延寿有罪下狱，恽上书讼延寿。郎中丘常谓恽曰：'闻君侯讼韩冯翊，当得活乎？'恽曰：'事何容易！胫胫者未必全也。我不能自保，真人所谓鼠不容穴衔窭数者也。'又中书谒者令宣持单于使者语，视诸将军、中朝二千石。恽曰：'冒顿单于得汉美食好物，谓之殠恶，单于不来明甚。'恽上观西阁上画人，指桀纣画谓乐昌侯王武曰：'天子过此，一二问其过，可以得师矣。'画人有尧舜禹汤不称，而举桀纣。恽闻匈奴降者道单于见杀，恽曰：'得不肖君，大臣为画善计不用，自令身无处所。若秦时但任小臣，诛杀忠良，竟以灭亡；令亲任大臣，即至今耳。古与今如一丘之貉。'恽妄引亡国以诽谤当世，无人臣礼。又语长乐曰：'正月以来，天阴不雨，此《春秋》所记，夏侯君所言。行必不至河东矣。'以主上为戏语，尤悖逆绝理。"

【译文】

戴长乐是宣帝在民间时结交的知己，宣帝继位后，提拔他为亲信大臣。有一次戴长乐在演习宗庙祭祀礼仪时，代理执行天子的事务，回来后他对掾史说：“我受到皇上的召见并接受诏令，代替皇上演习礼仪，秺侯金赏给我驾车。”有人上书告发戴长乐言语不当，朝廷把他交付给廷尉审讯。戴长乐怀疑是杨恽唆使别人告发的，也上书控告杨恽的罪行，说：“有一次高昌侯董忠驾车奔入北掖门，杨恽对富平侯张延寿说：‘听说以前有奔车撞到殿门上，门闩被折断，马撞死了，不久昭帝去世。今天又出现这种事，是天命，不是人为的。’左冯翊韩延寿有罪下了狱，杨恽上书为他申诉。郎中丘常问杨恽说：‘听说您为韩冯翊申诉冤屈，能保全他的性命吗？’杨恽说：‘事情哪有那么容易！正直的人未必能够保全自己呀。我自己都不能保全，正如人说的老鼠因为衔着比洞穴口还要大的窭数所以进不了洞。’又有一次，中书谒者令宣把单于使者的话翻译成文字，拿给将军和朝中二千石以上的官吏看。杨恽说：‘冒顿单于得到汉朝赏赐的美食珍物，却说成是腐臭不好的东西，单于不来朝见不是很明白了吗。’还有一次杨恽观看西阁上画的人物，指着桀、纣的画像对乐昌侯王武说：‘皇上经过这里，多问问桀、纣犯有什么过错，可以得到鉴诫。’画中人物有尧、舜、禹、汤等明君，杨恽不称扬，却反说桀、纣。杨浑听到匈奴投降的人说单于被杀了，就说：‘如遇上不贤明的君主，大臣为他制定的计策不用，却自取灭亡。正像秦朝只用奸邪小臣而杀害忠良，最终因此而灭亡；如果能够亲近有才德的大臣，秦朝可以一直延续到今天。古代与现在的坏人都是同类的。’杨恽乱引亡国的事例来诽谤当今朝廷，没有一点人臣的礼节。他还对我戴长乐说过：‘从正月以来，天气久阴而不下雨，这种现象只有《春秋》记载过，夏侯胜谏劝昌邑王时说过。皇上必定不能再去河东后土祠祭祀了。’杨恽拿皇上开玩笑，尤其大逆不道。”

【原文】

事下廷尉。廷尉定国考问，左验明白，奏“恽不服罪，而召户将尊，欲令戒饬富平侯延寿，曰‘太仆定有死罪数事，朝暮人也。诨幸与富平侯婚姻，今独三人坐语，侯言‘时不闻恽语’，自与太仆相触也。’尊曰：‘不可。’恽怒，持大刀，曰：‘蒙富平侯力，得族罪！毋泄恽语，令太仆闻之乱余事。’恽幸得列九卿诸吏，宿卫近臣，上所信任，与闻政事，不竭忠爱，尽臣子义，而妄怨望，称引为讠夭恶言，大逆不道，请逮捕治。”上不忍加诛，有诏皆免恽、长乐为庶人。

【译文】

杨恽的案件交给廷尉审理。廷尉于定国审问调查，又有证明人作证，案情清楚。于是上奏宣帝说：“杨恽不认罪，反而招去户将尊，想让他警告富平侯张延寿，说：“太仆戴长乐已有几件事可以定为死罪，是早晚就要被处死的人了。我有幸与富平侯是姻亲，如今只有我们三个人一起谈论的话，只要富平侯说‘当时没听见杨恽说过这话’，自然就与太仆所揭发的相抵触了。”户将尊说：‘不能这样做’杨恽大发脾气，手拿大刀，说：‘如果富平侯证明了太仆揭发的话是真的，我就会得到灭族的罪名！不准你泄露我说的话，让太仆知道了，更增加我的罪行。’杨恽有幸列为九卿任诸吏光禄勋的官职，身为皇帝的侍卫近臣，得到了皇帝的信任，参与国家政事，他却不竭尽忠爱之心，以尽臣子的义务，反而放肆地发泄心中的不满，散播妖言恶语，真是大逆不道，请求逮捕判罪。”宣帝不忍心判他死罪，下诏把杨恽和戴长乐都免官贬为平民。

【原文】

恽既失爵位，家居治产业，起室宅，以财自娱。岁余，其友人安定太守西河孙会宗，知略士也，与恽书谏戒之，为言大臣废退，当阖门惶惧，为可怜之意，不当治产业，通宾客，有称誉。恽宰相子，少显朝廷，一朝以晻昧语言见废，内怀不服，报会宗书曰：

【译文】

杨恽失去了爵位，在家里经营产业，兴建房屋，靠着钱财自寻欢乐。过了一年多，他的朋友安定太守西河人孙会宗——一个有智慧有谋略的人，写信劝告杨恽，说大臣被免官退居以后，应当闭门思过，表现出诚惶诚恐值得哀怜的样子，不应该治办产业，结交宾客，接受称赞。杨恽身为丞相的儿子，年轻时就在朝廷里崭露头角，一时因为一些真假不明的言语被废弃免官，心中不服，给孙会宗写了一封回信，说：

【原文】

恽材朽行秽，文质无所底，幸赖先人余业得备宿卫，遭遇时变以获爵位，终非其任，卒与祸会。足下哀其愚，蒙赐书，教督以所不及，殷勤甚厚。然窃恨足下不深惟其终始，而猥随俗之毁誉也。言鄙陋之愚心，若逆指而文过，默而息乎，恐违孔氏“各言尔志”之义，故敢略陈其愚，唯君子察焉！

【译文】

我才能很低，行为卑下，学问和修养都没有什么造诣，侥幸依赖父亲留下的功业，充数做了宫廷的宿卫官，又遇到霍氏谋反，因告发有功被封了侯爵，但是我终难胜任，终于遭到灾祸。你哀怜我愚昧，承蒙你的来信，教导我所认识不到的道理，情意殷切深厚。但是我私下里埋怨你不深入考虑事情的来龙去脉，而随便相信一般人的诽谤。讲出我鄙陋的想法吧，好像违背了你的意思，掩饰了我自己的过错；沉默不说吧，又恐违背了孔子说的“各人说说自己的志向”的意思，所以才敢简略地向你陈述一下我的看法，请你考虑。

【原文】

恽家方隆盛时，乘朱轮者十人，位在列卿，爵为通侯，总领从官，与闻政事，曾不能以此时有所建明，以宣德化，又不能与群僚同心并力，陪辅朝廷之遗忘，已负窃位素餐之责久矣。怀禄贪势，不能自退，遭遇变故，横被口语，身幽北阙，妻子满狱。当此之时，自以夷灭不足以塞责，岂意得全首领，复奉先人之丘墓乎？伏惟圣主之恩，不可胜量。君子游道，乐以忘忧；小人全躯，说以忘罪。窃自思念，过已大矣，行已亏矣，长为农夫以没世矣。是故身率妻子，戮力耕桑，灌园治产，以给公上，不意当复用此为讥议也。

【译文】

在我家显赫的时候，乘朱轮车的人有十个，官位在九卿之列，爵位在通侯之中，统领宫中的侍从官，参与国家政事，但我竟不能在这个时候有所建树，以宣扬皇上的仁德教化，又不能与众位同僚齐心合力，辅佐朝廷弥补缺失，受到窃取官位白吃俸禄的指责已经很久了。我贪俸禄图权势，不能引身自退，于是遭遇变故，横遭别人的诽谤，被囚禁在宫殿北边的门楼里，妻子儿女被关进监狱。在这个时候，自己认为灭族也不足以抵偿罪责，哪里想到还能保全脑袋，继续奉祀祖先的坟墓呢？我想到圣主的恩惠，真是不可计量。君子担行道义，快乐得忘记了忧愁；小人保全性命，高兴得忘记了罪过。我私下里想过，我的罪过已经很大了，品行也有所欠缺，永远做个农夫以了此一生吧。因此我带领妻子儿女，努力耕田种桑，灌溉田园，经营产业，向朝廷缴纳赋税，没想到又因此而受到指责非议。

【原文】

夫人情所不能止者，圣人弗禁，故君父至尊亲，送其终也，有时而既。臣之得罪，已三年矣。田家作苦，岁时伏腊，亨羊炰羔，斗酒自劳。家本秦也，能为秦声。妇，赵女也，雅善鼓瑟。奴婢歌者数人，酒后耳热，仰天拊缶而呼乌乌。其诗曰："田彼南山，芜秽不治，种一顷豆，落而为萁。人生行乐耳，须富贵何时！"是日也，拂衣而喜，奋袖低卬，顿足起舞，诚淫荒无度，不知其不可也。恽幸有余禄，方籴贱贩贵，逐什一之利，此贾竖之事，污辱之处，恽亲行之。下流之人，众毁所归，不寒而栗。虽雅知恽者，犹随风而靡，尚何称誉之有！董生不云乎："明明求仁义，常恐不能化民者，卿大夫意也；明明求财利，常恐困乏者，庶人之事也。"故"道不同，不相为谋。"今子尚安得以卿大夫之制而责仆哉！

【译文】

人情不能避免的事情，连圣人都不加以禁止。所以，君主是最尊贵的人，父亲是最亲的人，为他们送终服丧，也有结束的时候。我获罪已经三年了。我们种田人劳作辛苦，每逢伏日、腊日，煮羊肉烤羊羔，斟上一杯酒自己慰劳自己。我的老家本在秦地，我会唱秦地的歌。我的妻子是赵地的，很擅长弹琴鼓瑟。奴婢中也有几个会唱歌的，酒后耳根发热，抬头望天，用手击缶，口中发出乌乌的歌声。歌词唱道："南山脚下种庄稼，不锄不理草长荒。种下豆子一顷地，豆荚落光剩豆萁。人生在世要享乐，等待富贵到何时！"在这样的生活中，我高兴得抖着衣服，挥动衣袖，跺脚起舞，实在是放纵得没有限度，我不知道这样做不对。我幸亏还余有一些俸禄，就用这些钱在粮食价格低时买进来，贵时卖出去，以追求十分之一的利润。这是商人做的事情，这蒙耻受辱的事，我也亲自做了。地位卑下的人，是众人诽镑的对象，想起这些，我常常不寒而栗。虽然是很了解我的人，也都跟着别人的议论而诋毁我，我哪里还会得到称扬呢？董仲舒不是说过吗："勤勤恳恳地追求仁义，常常担心不能用仁义来感化百姓，这是卿大夫所思考的事；勤勤恳恳地追求财利，常常担心生活困苦，这是老百姓的事。"所以孔子说："道路不同，就不要互相商量。"现在你怎么还能用卿大夫的制度来责备我呢！

【原文】

夫西河魏土，文侯所兴，有段干木、田子方之遗风，漂然皆有节概，知去就之分。顷者，足下离旧土，临安定，安定山谷之间，昆戎旧壤，子弟贪鄙，岂习俗之移人哉？于今乃睹子之志矣。方当盛汉之隆，愿勉旃，毋多谈。

【译文】

西河是战国时魏地，魏文侯兴起的地方，那里有贤人段干木、田子方留下的风范，他们二人都有高尚的节操和度量，懂得什么时候该辞官不做，什么时候就任官职。近来你离开家乡西河，到安定郡任职，安定郡位于山谷之间，是昆戎的故土，那里的民风贪婪卑鄙，难道是当地的习俗改变了你的品性吗？如今我才看清你的志向。现在兴旺的汉朝处于鼎盛时期，希望你努力功业吧，不用与我多谈论了。

【原文】

又恽兄子安平侯谭为典属国，谓恽曰：“西河太守建平杜侯前以罪过出，今征为御史大夫。侯罪薄，又有功，且复用。”恽曰：“有功何益？县官不足为尽力。”恽素与盖宽饶、韩延寿善，谭即曰：“县官实然，盖司隶、韩冯翊皆尽力吏也，俱坐事诛。”会有日食变，驺马猥佐成上书告恽“骄奢不悔过，日食之咎，此人所致。”章下廷尉案验，得所予会宗书，宣帝见而恶之。廷尉当恽大逆无道，要斩。妻子徙酒泉郡。谭坐不谏正恽，与相应，有怨望语，免为庶人。召拜成为郎，诸在位与恽厚善者，未央卫尉韦玄成、京兆尹张敞及孙会宗等，皆免官。

【译文】

又杨恽哥哥杨忠的儿子——安平侯杨谭在朝中做典属国，他对杨恽说：“西河郡太守建平人杜延年以前因为犯了罪被免官，如今被征召做了御史大夫。您罪过轻，又立过功，还会被任用的。”杨恽回答说：“立功有什么用呢？皇上不值得我为他尽力。”杨恽平常与盖宽饶、韩延寿要好，杨谭便说：“天子确实是这样，盖司隶、韩冯翊都是为朝廷尽力的官吏，都因为一点事就被杀了。”这时候正遇上有日食出现，一个管喂驺卒马的下等小官名叫成的，上奏控告杨恽“骄奢不悔改，日食的灾祸，是他引来的”。宣帝把奏章交给廷尉审讯查验，审讯中搜得杨恽写给孙会宗的书信，宣帝看了，很是憎恶杨恽。于是廷尉判杨恽犯了大逆不道之罪，处以腰斩。杨恽的妻子儿女也被流放到酒泉郡。杨谭由于不规劝杨恽改过，反而与他互相应和，有怨恨的言论，免官为平民。宣帝下令任命成做了郎官，而那些在位与杨恽交情深厚的人，如未央宫卫尉韦玄成、京兆尹张敞以及孙会宗等人，也都被罢了官。

【注释】

忠：指杨忠，杨恽兄，昭帝时丞相杨敞的长子。

常侍骑：郎的加官，为骑郎而常侍，故称常侍骑。

《太史公记》：司马迁的《史记》，原名《太史公书》，汉代学者或称《太史公记》、《太史公传》、《太史公》，至东汉桓帝时始称《史记》。

擢：提拔。左曹：官名，加官。汉代有左、右曹，办理尚书事务。

恽等五人：指杨恽、张章、董忠、金安上、史高。

故事：旧例。

山郎：西汉中期郎官的俗称。当时郎官衙署内有惯例，由郎官私自出钱，助文书费用，就可以出任加官。山，是财用物资出产的地方，因郎官自己出钱，故称为山郎。

一沐：一个休假日。西汉官吏五天一休假。

善部：好的部门。

休谒：探亲假。

谒者：官名，郎中令的属官，掌管接待宾客。

高弟：即高第。

翕然：协调一致的样子。

后母：继母。

昆弟：兄弟。昆，兄。

訾：通“资”，资财。

伐：夸耀：行治：品行和政治才能。

忤：违逆、触犯。

行事：此指兼执行天子的事务。

掾史：分曹治事的属吏。

秺侯：指金赏，金日殚之子。

高昌侯：董忠。

犇：古“奔“字。

中朝：内朝。汉代朝官有中朝、外朝之分。大司马、左右前后将军、侍中常侍散骑诸吏为中朝，丞相以下至六百石为外朝。

身无处所：指单于被杀。

夏侯君：夏侯胜。夏侯胜曾谏昌邑王说：“天久阴而不雨，臣下有谋上者。”

河东：郡名，相当于今山西南部，汉时后土祠在河东郡汾阴县，西汉帝王常去祭祀。

定国：于定国，当时他主管司法。《汉书》卷七十一有其传。

左：佐证。

户将：官名，掌宫内门户守卫。

尊：人名。

朝暮人：快死的人。

夭：怪异，灾异。

安定：郡名，地当今甘肃东北部。

时变：指霍光子孙谋反事。

朱轮：朱轮车。汉制，官俸二千石以上的官员方可乘坐朱轮车。

通侯：爵位名，原曰彻侯，因避汉武帝讳曰通侯。

素餐：不劳而食。

北阙：宫殿北面的门楼。臣民在此上书奏事，犯罪者也拘禁于此听候处罚。

公上：公家，此指朝廷。

送其终：给长辈安排丧事曰“送终“。这里指给君父服丧。

既：尽，言丧期不过三年。

伏腊：夏伏冬腊，祭祀名。伏指夏至后的第三个庚日，腊指冬至后的第三个戌日，古人在这两天举行祭祀活动。

拊缶：击缶。缶，瓦制的打击乐器。

乌乌：歌呼声。

卬：高。

道不同，不相为谋：道路不同，就不要互相商量。

西河：郡名，战国时属魏国，今陕西东部黄河西岸地区。

文侯：魏文侯，名斯，战国诸侯。他任用李悝为相，吴起为将，使魏成为当时的诸侯强国。

段干木、田子方：皆为魏文侯时贤人。

漂然：高远的样子。

昆戎：古代我国西北部少数民族部落，也称昆夷。

建平杜侯：杜延年。

成：人名。

当：判处。

要斩：同“腰斩”。

霍光传

霍光是汉将霍去病的异母弟，西汉政治家。他侍奉武帝二十余年，“小心谨慎，未尝有过”，颇受武帝亲信。汉武帝死后，霍光辅佐昭帝、宣帝，执掌朝政二十年。霍光以“匡国家，安社稷”为己任，执政期间采取了一系列措施，对当时社会安定繁荣起了积极的作用，班固以“百姓充实，四夷宾服”对其政绩作了高度评价。

本文节选了《霍光传》的前一部分。文章主要叙写了霍光受武帝托孤后，经历复杂尖锐的政治斗争，完成了辅昭帝、诛灭政敌上官桀等人、废昌邑王立宣帝这三件大事，刻画了霍光“沉静详审”、忠诚威严的性格特征；同时，也指出霍氏家族党亲连体，盘踞朝廷，伏下了败亡覆灭之机。文章善于通过人物言论、行动来刻画人物，并能抓住事件的细节，有力地突出了霍光的性格特征，形象地展示了霍光的政治风采。

【原文】

霍光字子孟，票骑将军去病弟也。父中孺，河东平阳人也，以县吏给事平阳侯家，与侍者卫少兒私通而生去病。中孺吏毕归家，娶妇生光，因绝不相闻。久之，少兒女弟子夫得幸于武帝，立为皇后，去病以皇后姊子贵幸。既壮大，乃自知父为霍中孺，未及求问。会为票骑将军击匈奴，道出河东，河东太守郊迎，负弩矢先驱，至平阳传舍，遣吏迎霍中孺。中孺趋入拜谒，将军迎拜，因跪曰："去病不早自知为大人遗体也。"中孺扶服叩头，曰："老臣得托命将军，此天力也。"去病大为中孺买田宅奴婢而去。还，复过焉，乃将光西至长安，时年十余岁，任光为郎，稍迁诸曹侍中。去病死后，光为奉车都尉光禄大夫，出则奉车，入侍左右，出入禁闼二十余年，小心谨慎，未尝有过，甚见亲信。

【译文】

霍光字子孟，是骠骑将军霍去病的弟弟。他的父亲霍仲孺，河东郡平阳县人，早年曾以县吏的身份被派往平阳侯家当差，与平阳侯家的侍女卫少兒私通，生下了霍去病。霍仲孺当差期满回家，娶妻生了霍光，于是与卫少兒断绝往来，互相不通音信。过了很久，卫少兒的妹妹卫子夫得到了汉武帝的宠爱，立为皇后，霍去病因为是皇后姐姐的儿子也很受宠爱。霍去病长大以后，才知道自己的生父是霍仲孺，只是还没来得及寻访探问。正巧被任命为骠骑将军出击匈奴，路过河东郡，河东郡太守到郊界上去迎接，亲自替霍去病背着弓和箭，在前面引路，到了平阳县客舍，霍去病便派遣差吏去接霍仲孺。霍仲孺小跑着进去拜见，霍去病赶紧迎上去回拜，跪下说："去病早先不知道自己是大人的亲骨肉。"霍仲孺伏在地上叩头，说："我这个老头子能把下半生托付给将军，这是老天爷的力量啊。"霍去病为父亲购买了许多田地、房宅和奴婢，然后离去。霍去病出征匈奴回来，又路过平阳，就带着霍光西行到了长安，这时霍光十几岁，霍光先是被任为郎官，以后不久便升为诸曹、侍中。霍去病去世后，霍光官至奉车都尉、光禄大夫，武帝出行侍奉车驾，回宫就侍奉在身边。出入宫廷二十余年，一直小心谨慎，从未有什么过失，很得武帝信任。

【原文】

征和二年，卫太子为江充所败，而燕王旦、广陵王胥皆多过失。是时上年老，宠姬钩弋赵倢伃有男，上心欲以为嗣，命大臣辅之。察群臣唯光任大重，可属社稷。上乃使黄门画者画周公负成王朝诸侯以赐光。后元二年春，上游五柞宫，病笃，光涕泣问曰："如有不讳，谁当嗣者？"上曰："君未谕前画意邪？立少子，君行周公之事。"光顿首让曰："臣不如金日磾。"日磾亦曰："臣外国人，不如光。"上以光为大司马大将军，日磾为车骑将军，及太仆上官桀为左将军，搜粟都尉桑弘羊为御史大夫，皆拜卧内床下，受遗诏辅少主。明日，武帝崩，太子袭尊号，是为孝昭皇帝。帝年八岁，政事壹决于光。

【译文】

征和二年，卫太子受到江充的诬陷，发兵攻讨，兵败被迫自杀，而燕王刘旦、广陵王刘胥两人都有很多过失。当时武帝已经年老了，宠姬钩弋夫人赵倢伃生有一个儿子，武帝想立这个幼子为皇位继承人，让一位大臣辅佐他。细察众大臣中只有霍光能担当重任，可以把国家托付给他。于是武帝便命令宫廷画工画了一幅周公背着成王受诸侯朝见的画赐给霍光。后元二年春天，武帝到五柞宫游玩，病情加重，霍光流着泪问道："陛下如有不幸，谁应当是皇位继承人呢？"武帝说："你没明白先前我赐你那幅画的意思吗？立我的小儿子，先生你像周公那样辅佐幼主。"霍光叩头辞让说："我不如金日石单合适。"金日石单也说："我是外国人，没有霍光合适。"于是，武帝任命霍光为大司马大将军，金日石单为车骑将军，太仆上官桀为左将军，搜粟都尉桑弘羊为御史大夫，他们都在武帝卧室床前下拜受封，接受遗诏辅佐少主。第二天，汉武帝去世，太子刘弗陵承袭皇帝尊号，他就是孝昭皇帝。昭帝年仅八岁，国家大事统统都由霍光代为决断。

【原文】

先是，后元年，侍中仆射莽何罗与弟重合侯通谋为逆，时光与金日磾、上官桀等共诛之，功未录。武帝病，封玺书曰："帝崩发书以从事。"遗诏封金日磾为秺侯，上官桀为安阳侯，光为博陆侯，皆以前捕反者功封。时卫尉王莽子男忽侍中，扬语曰："帝崩，忽常在左右，安得遗诏封三子事！群儿自相贵耳。"光闻之，切让王莽，莽鸩杀忽。

【译文】

当初，后元元年，侍中仆射莽何罗与他的弟弟重合侯马通相谋反叛，霍光、金日石单、上官桀等人共同诛杀了他们，没有论功行赏。汉武帝病重时，写下诏书封好说："我死后打开诏书，按照上面的指示行事。"这封遗诏封金日石单为秺侯，上官桀为安阳侯，霍光为博陆侯，都是因以前捕杀反叛者有功加封的。当时卫尉王莽的儿子王忽随侍在宫中，他扬言说："皇帝临终前后，我常在旁边，哪里有遗诏封这三个人的事情啊！不过是这三个人互相抬高罢了。"霍光听到这话后，狠狠地责备王莽，王莽用毒酒杀死了儿子王忽。

【原文】

光为人沉静详审，长财七尺三寸，白皙，疏眉目，美须髯。每出入下殿门，止进有常处，郎仆射窃识视之，不失尺寸，其资性端正如此。初辅幼主，政自己出，天下想闻其风采。殿中尝有怪，一夜群臣相惊，光召尚符玺郎，郎不肯授光。光欲夺之，郎按剑曰："臣头可得，玺不可得也！"光甚谊之。明日，诏增此郎秩二等。众庶莫不多光。

【译文】

霍光为人沉着、稳重，处事审慎、周密，身高才七尺三寸，皮肤白皙，眉清目秀，胡须很美。他每次出入宫门，上下殿阶，停走都有固定的位置，郎仆射暗中记下仔细察看，发现每次都不差分寸，他的禀性就是这样严谨，一丝不苟。霍光开始辅佐昭帝时，政令都由他亲自颁布，天下臣民都想了解他的风度神采。有一次，宫中闹起了鬼怪，一夜之间，大臣们都惊恐不安，霍光召见尚符玺郎，要收回玉玺，尚符玺郎不肯交给霍光。霍光便要夺取玉玺，尚符玺郎手按着剑说："可以杀我的头，玉玺你绝对得不到！"霍光认为他的行为很大义。第二天，下令把这个郎官的俸禄提升了两级。老百姓听说后，莫不夸赞霍光。

【原文】

光与左将军桀结婚相亲，光长女为桀子安妻。有女年与帝相配，桀因帝姊鄂邑盖主内安女后宫为倢伃，数月立为皇后。父安为票骑将军，封桑乐侯。光时休沐出，桀辄入代光决事。桀父子既尊盛，而德长公主。公主内行不修，近幸河间丁外人。桀、安欲为外人求封，幸依国家故事以列侯尚公主者，光不许。又为外人求光禄大夫，欲令得召见，又不许。长主大以是怨光。而桀、安数为外人求官爵弗能得，亦惭。自先帝时，桀已为九卿，位在光右。及父子并为将军，有椒房中宫之重，皇后亲安女，光乃其外祖，而顾专制朝事，繇是与光争权。

【译文】

霍光与左将军上官桀结为儿女亲家，关系亲密，霍光的长女做了上官桀儿子上官安的妻子。生有一个女儿，年龄与昭帝相当，上官桀通过昭帝姐姐鄂邑盖主的关系，把孙女送入后宫做了倢伃，过了几个月就立为了皇后。上官安因此做了骠骑将军，并被封为桑乐侯。每当霍光出宫休假时，上官桀就入宫代替霍光处理朝政。上官桀父子既已得到显贵的地位，因此很感激盖主的恩德。盖主私生活不检点，与河间人丁外人私通。上官桀父子想替丁外人求封爵位，希望按照国家以列侯的身份娶公主为妻的旧例，也封丁外人为列侯，霍光不允许。又请求封丁外人为光禄大夫，想让他有机会被昭帝召见，霍光又没有同意。盖主因为此事很怨恨霍光。上官桀父子多次为丁外人求封求官都未能如愿，也感到惭愧。在武帝时，上官桀就已跻身九卿之列，官位在霍光之上。现在父子二人同为将军，又有皇后在宫中的显贵地位，皇后是上官安的亲女儿，霍光不过是其外祖父，反倒独揽了朝政大权，由此上官桀与霍光开始争权。

【原文】

燕王旦自以昭帝兄，常怀怨望。及御史大夫桑弘羊建造酒榷盐铁，为国兴利，伐其功，欲为子弟得官，亦怨恨光。于是盖主、上官桀、安及弘羊皆与燕王旦通谋，诈令人为燕王上书，言："光出都肄郎羽林，道上称跸，太官先置。"又引："苏武前使匈奴，拘留二十年不降，还乃为典属国，而大将军长史敞亡功为搜粟都尉。又擅调益莫府校尉。光专权自恣，疑有非常。臣旦愿归符玺，入宿卫，察奸臣变。"候司光出沐日奏之。桀欲从中下其事，桑弘羊当与诸大臣共执退光。书奏，帝不肯下。

【译文】

燕王刘旦自以为是昭帝的哥哥，却不能继承皇位，心里常怀怨恨。御史大夫桑弘羊因为制定了酒类专卖、盐铁官营的制度，为国家开辟了财源，就自己夸耀自己的功劳，想为子弟求官，达不到目的，也怨恨霍光。于是，盖主、上官桀父子及桑弘羊等人都和燕王刘旦暗中勾结串通谋划，派人假冒燕王刘旦的使臣给昭帝上奏书，奏书上说："霍光出宫总领郎官、羽林军操练演习时，沿途超越本分地下令禁止路人通行，还派皇上的膳食官先行为其准备饮食。”又说：“从前苏武出使匈奴，被扣留了二十年而不投降，回国后仅仅做了典属国，但大将军的长史杨敞却无功而升为搜粟都尉。霍光还擅自选调增加大将军府的校尉。霍光独揽大权为所欲为，我怀疑他图谋不轨。我刘旦愿意把信符玺印交还给朝廷，回京进宫护卫皇帝，督察奸臣反叛的行迹。”他们等霍光出宫休假时将这份奏书呈报给昭帝。上官桀打算乘机把这事交给下面主管部门处理，桑弘羊则与其他大臣一起逼迫霍光辞职。奏章呈上后，昭帝却不肯批复下发。

【原文】

明旦，光闻之，止画室中不入。上问：“大将军安在？”左将军桀对曰：“以燕王告其罪，故不敢入。”有诏召大将军。光入，免冠顿首谢，上曰：“将军冠。朕知是书诈也，将军亡罪。”光曰：“陛下何以知之？”上曰：“将军之广明，都郎属耳。调校尉以来未能十日，燕王何以得知之？且将军为非，不须校尉。”是时帝年十四，尚书左右皆惊，而上书者果亡，捕之甚急。桀等惧，白上小事不足遂，上不听。

【译文】

第二天早晨，霍光听说了这件事，就停留在西阁画室里不上殿。昭帝问：“大将军在哪里？”左将军上官桀回答说：“因为燕王告发了他的罪行，所以不敢进殿。”昭帝下诏召见大将军霍光。霍光进殿，脱去帽子叩头谢罪，昭帝说：“将军把帽子戴上。我知道这封奏书是假的，将军没有罪过。”霍光说：“陛下怎么知道是假的？”昭帝说：“你去广明亭总领郎官羽林军操练演习，是近日的事。你选调校尉以来也还不到十天，燕王怎么可能知道这事？况且你要作乱，并不需要校尉。”这时昭帝才十四岁，尚书和左右朝臣都很惊讶，而那个上书的人果然逃跑了，昭帝下令紧急追捕逃犯。上官桀等人害怕了，对昭帝说这是小事不值得追究，昭帝不听他们的话。

【原文】

后桀党与有谮光者，上辄怒曰：“大将军忠臣，先帝所属以辅朕身，敢有毁者坐之。”自是桀等不敢复言，乃谋令长公主置酒请光，伏兵格杀之，因废帝，迎立燕王为天子。事发觉，光尽诛桀、安、弘羊、外人宗族。燕王、盖主皆自杀。光威震海内。昭帝既冠，遂委任光，讫十三年，百姓充实，四夷宾服。

【译文】

此后上官桀的同党凡是有谗言诬陷霍光的，昭帝便发怒说：“大将军是忠臣，是先帝托付辅佐我的人，今后谁要是再敢诽谤大将军就治罪。”从此上官桀等人就不敢再说什么了。他们又谋划让盖主设酒席宴请霍光，埋伏下兵士击杀他，然后废掉昭帝，迎接燕王刘旦回京做皇帝。这个阴谋被发觉后，霍光把上官桀、上官安、桑弘羊、丁外人及他们的宗族全部杀了。燕王刘旦、盖主也都自杀了。从此霍光威震天下。昭帝行冠礼成年以后，仍把政事委托给霍光，直到昭帝去世共十三年，百姓富裕，四方各国归附汉朝。

【原文】

元平元年，昭帝崩，亡嗣。武帝六男独有广陵王胥在，群臣议所立，咸持广陵王。王本以行失道，先帝所不用。光内不自安。郎有上书言："周太王废太伯立王季，文王舍伯邑考立武王，唯在所宜，虽废长立少可也。广陵王不可以承宗庙。"言合光意。光以其书视丞相敞等，擢郎为九江太守，即日承皇太后诏，遣行大鸿胪事少府乐成、宗正德、光禄大夫吉、中郎将利汉迎昌邑王贺。

【译文】

元平元年，昭帝去世，没有儿子继位。武帝的六个儿子中只有广陵王胥还在世，大臣们在商议立谁当皇帝的时候，都主张立广陵王。广陵王原先是因为品行不端正，武帝不立他为嗣。因此霍光内心忧虑不安。这时有一位郎官上书说："古时候，周太王废掉长子太伯而立少子王季，周文王则舍弃伯邑考而立武王，只要是最适宜做皇帝的人，虽说是废长立幼也是可以的。广陵王不可以继承皇位。"这番话正合霍光的心意。霍光把这封奏章给丞相杨敞等人看，并提拔这位上书的郎官为九江郡太守。当天霍光奉了皇太后的命令，派遣代理大鸿胪的少府史乐成、宗正刘德、光禄大夫丙吉和中郎将利汉等人，迎接昌邑王刘贺进京。

【原文】

贺者，武帝孙，昌邑哀王子也。既至，即位，行淫乱。光忧懑，独以问所亲故吏大司农田延年。延年曰："将军为国柱石，审此人不可，何不建白太后，更选贤而立之？"光曰："今欲如是，于古尝有此否？"延年曰："伊尹相殷，废太甲以安宗庙，后世称其忠。将军若能行此，亦汉之伊尹也。"光乃引延年给事中，阴与车骑将军张安世图计，遂召丞相、御史、将军、列侯、中二千石、大夫、博士会议未央宫。光曰："昌邑王行昏乱，恐社稷，如何？"群臣皆惊鄂失色，莫敢发言，但唯唯而已。田延年前，离席按剑，曰："先帝属将军以幼孤，寄将军以天下，以将军忠贤能安刘氏也。今群下鼎沸，社稷将倾，且汉之传谥常为孝者，以长有天下，令宗庙血食也。如令汉家绝祀，将军虽死，何面目见先帝于地下乎？今日之议，不得旋踵。群臣后应者，臣请剑斩之。"光谢曰："九卿责光是也。天下匈匈不安，光当受难。"于是议者皆叩头，曰："万姓之命在于将军，唯大将军令。"

【译文】

刘贺，是武帝的孙子，昌邑哀王的儿子。他到了长安之后，继承了皇位，但行为放纵无道。霍光心里忧愁烦闷，这日独自与亲信的旧部下大司农田延年商量。田延年说：“将军您是国家的柱石，既然察觉此人做皇帝不合适，为什么不向太后建议，另选贤明的人立为皇帝呢？”霍光说：“现在我打算这样做，在古代曾有过这样的先例吗？”田延年说：“伊尹为殷朝宰相时，为了国家的安定废掉了太甲，后代都称赞他的忠诚。将军如能这样做，也就是汉朝的伊尹了。”霍光于是推荐田延年做了给事中，又私下里与车骑将军张安世进行筹划安排，然后就召集丞相、御史、将军、列侯、中二千石、大夫、博士等在未央宫共同商议大事。霍光说：“昌邑王行为昏庸无道，恐怕会危害国家，大家看该怎么办？”众大臣都很吃惊，害怕得变了脸色，谁也不敢说话，只是唯唯诺诺答应着罢了。田延年站了起来，离席前行一步，手按着剑说：“当年先帝把幼主托付给将军，把国家重任交付给将军，是因为将军忠诚贤明能使刘氏江山安定。如今天下臣民人心不稳，动荡不安，国家将有倾覆的危险，况且汉朝世代相传，帝王谥号都用一个‘孝’字为先，就是为了能长久保有天下，使宗庙永享祭祀。如果汉朝灭亡了，将军即使是死了，九泉之下还有什么面目去见先帝呢？今天商议的事情，要迅速决断不可迟疑。大臣们有迟疑不表态的，请允许我用剑斩了他。”霍光谢罪说：“大司农对我的责备很对。如今国内纷扰不安，我理当受到责难。”于是，参加商议的人都叩头，说：“天下百姓的生死安危全取决于将军了，我们听将军的命令。”

【原文】

光即与群臣俱见白太后，具陈昌邑王不可以承宗庙状。皇太后乃车驾幸未央承明殿，诏诸禁门毋内昌邑群臣。王入朝太后还，乘辇欲归温室，中黄门宦者各持门扇，王入，门闭，昌邑群臣不得入。王曰："何为？"大将军跪曰："有皇太后诏，毋内昌邑群臣。"王曰："徐之，何乃惊人如是！"光使尽驱出昌邑群臣，置金马门外。车骑将军安世将羽林骑收缚二百余人，皆送廷尉诏狱。令故昭帝侍中中臣侍守王。光敕左右："谨宿卫，卒有物故自裁，令我负天下，有杀主名。"王尚未自知当废，谓左右："我故群臣从官安得罪，而大将军尽系之乎？"顷之，有太后诏召王，王闻召，意恐，乃曰："我安得罪而召我哉！"太后被珠襦，盛服坐武帐中，侍御数百人皆持兵，期门武士陛戟，陈列殿下。群臣以次上殿，召昌邑王伏前听诏。光与群臣连名奏王，尚书令读奏。

【译文】

霍光随即与众大臣一同上朝禀告太后，向太后详细地陈述了昌邑王刘贺不能胜任皇位的情况。于是皇太后乘车驾来到未央宫承明殿，传令各宫门不准放昌邑王的大臣进宫。昌邑王进宫朝见太后回来，打算乘车回温室殿，中黄门宦官在宫门两边把持着门扇，昌邑王刚进宫门就立刻把宫门关上了，使昌邑王的众大臣无法进宫。昌邑王说："为什么关宫门？"霍光跪下说："有皇太后的命令，不准昌邑来的群臣进宫。"昌邑王说："慢一点嘛，为什么弄得这样惊人！"霍光派人把昌邑王的群臣全部赶了出去，赶到了金马门外。车骑将军张安世率领羽林骑兵逮捕了昌邑王属下二百多人，都送交廷尉关进了诏狱。霍光派原先侍奉汉昭帝的侍中、中常侍看守昌邑王。霍光告诫他们说："要小心看守，如果他突然死亡或自杀了，那样就使我对不起天下人，就要背上杀君的恶名了。"昌邑王这时还不知道自己将被废掉，问看守他的人："我带来的那些大臣、侍从犯了什么罪，大将军竟把他们都逮捕了？"过了一会儿，传来太后召见昌邑王的命令。昌邑王听说太后召见，内心开始有些惶恐，这才说："我犯了什么罪太后召见我！"太后穿着珍珠缀饰的短袄，身穿华贵的礼服端坐在武帐中，守卫在左右的数百名侍从都手持兵器，期门武士执戟，排列在殿阶之下守卫。众大臣按品级依次进入大殿，太后让昌邑王伏在面前听候诏令。霍光与众大臣联名参奏昌邑王，尚书令宣读奏章。

【原文】

皇太后诏曰："可。"光令王起拜受诏，王曰："闻天子有争臣七人，虽无道不失天下。"光曰："皇太后诏废，安得天子！"乃即持其手，解脱其玺组，奉上太后，扶王下殿，出金马门，群臣随送。王西面拜，曰："愚戆不任汉事。"起就乘舆副车。大将军光送至昌邑邸，光谢曰："王行自绝于天，臣等驽怯，不能杀身报德。臣宁负王，不敢负社稷。愿王自爱，臣长不复见左右。"光涕泣而去。群臣奏言："古者废放之人屏于远方，不及以政，请徙王贺汉中房陵县。"太后诏归贺昌邑，赐汤沐邑二千户。昌邑群臣坐亡辅导之谊，陷王于恶，光悉诛杀二百余人。出死，号呼市中曰："当断不断，反受其乱。"

【译文】

皇太后下诏说："准奏。"霍光让昌邑王起来跪拜接受诏令，昌邑王说："我听说，天子有七个谏诤的大臣，即使是无道也不会失去天下。"霍光说："皇太后已下令废掉了你，哪还是什么天子！"于是走上前抓住昌邑王的手，解下玺印，呈献给太后，然后扶着昌邑王下殿，走出金马门，群臣跟随着送行。昌邑王面朝西而拜，说："我愚昧不能胜任朝廷大事。"起身坐上皇帝的副车。大将军霍光将之送到昌邑邸，谢罪说："王的行为自绝于上天，臣等怯懦无能，不能用死报答您。我宁可对不起您，不敢对不起国家社稷。希望您多多珍重，今后我再也不能侍奉在您左右了。"说完，霍光流着眼泪离去。众大臣上奏说："古时候把被废之人流放到远方边地，使他不干扰国家的政事，请求把昌邑王流放到汉中房陵县。"太后命令刘贺依旧回到昌邑旧封地，又赐给他汤沐邑二千户。昌邑王旧臣因未尽到辅佐君王的职责，使昌邑王陷于邪恶，霍光把这二百多旧臣全杀了。这些人从监狱出来押赴刑场时，在街上哭喊着说："应当杀霍光时不当机立断，反而遭到他的残杀。"

【原文】

光坐庭中，会丞相以下议定所立。广陵王已前不用，及燕刺王反诛，其子不在议中。近亲唯有卫太子孙号皇曾孙在民间，咸称述焉。光遂复与丞相敞等上奏曰："《礼》曰'人道亲亲故尊祖，尊祖故敬宗'。大宗亡嗣，择支子孙贤者为嗣。孝武皇帝曾孙病已，武帝时有诏掖庭养视，至今年十八，师受《诗》、《论语》、《孝经》，躬行节俭，慈仁爱人，可以嗣孝昭皇帝后，奉承祖宗庙，子万姓。臣昧死以闻。"皇太后诏曰："可。"光遣宗正刘德至曾孙家尚冠里，洗沐赐御衣，太仆以车令猎车迎曾孙就斋宗正府，人未央宫见皇太后，封为阳武侯。已而光奉上皇帝玺绶，谒于高庙，是为孝宣皇帝。明年，下诏曰："夫褒有德，赏元功，古今通谊也。大司马大将军光宿卫忠正，宣德明恩，守节秉谊，以安宗庙。其以河北、东武阳益封光万七千户。"与故所食凡二万户。赏赐前后黄金七千斤，钱六千万，杂缯三万匹，奴婢百七十人，马二千匹，甲第一区。

【译文】

霍光坐在庭堂中，召集丞相以下官员商议立谁为新的皇帝。广陵王已经在先前选立皇帝时不被用，还有燕刺王刘旦因谋反自杀，他的儿子不在考虑之中。皇帝近亲中就只剩下号称皇曾孙的卫太子之孙了，现生活在民间，老百姓都称赞他。于是霍光又与丞相杨敞等上书给皇太后，说："《礼记》上说：'为人的道理总是亲爱自己的父母，所以才尊敬自己的祖先；因为尊敬自己的祖先，所以应该敬重同宗的人。'大宗如果没有继承人，可以选择同族近支子孙中贤能的人做继承人。孝武皇帝的曾孙病已，武帝在世时命令掖庭抚养照顾，至今已经十八岁了，拜师学习了《诗经》、《论语》、《孝经》，为人俭朴，慈仁爱人，可以作为孝昭皇帝的继承人，奉承祖先的宗庙，统治万民。臣等敢冒死罪禀告太后。"皇太后下令说："准奏。"霍光派宗正刘德到尚冠里的皇曾孙家，让他洗了澡，又赐给他御衣，再由太仆用轻便的軨猎车迎接到宗正府斋戒，然后进未央宫拜见皇太后，被封为阳武侯。霍光随后向皇曾孙献上皇帝的玺绶，带他拜谒了汉高祖陵庙，这就是汉宣帝。第二年，宣帝下诏令说："褒奖有德的人，赏赐立大功的人，这是古今共同的道理。大司马大将军霍光多年在宫禁之中值宿警卫，忠心耿耿，正直无私，宣扬表彰皇家恩德，谨守节操，主持正义，使汉朝江山得到安定。把河北、东武阳两县的一万七千户加封给霍光。”连同先前所封共二万户。前后赏赐的黄金多达七千斤，钱六千万，杂色丝绸三万匹，奴婢一百七十人，马二千匹，上等住宅一所。

【原文】

自昭帝时，光子禹及兄孙云皆中郎将，云弟山奉车都尉侍中，领胡越兵。光两女婿为东西宫卫尉，昆弟诸婿外孙皆奉朝请，为诸曹大夫，骑都尉，给事中。党亲连体，根据于朝廷。光自后元秉持万机，及上即位，乃归政。上谦让不受，诸事皆先关白光，然后奏御天子。光每朝见，上虚己敛容，礼下之已甚。

【译文】

自昭帝时起，霍光的儿子霍禹及霍光哥哥的孙子霍云都已官至中郎将，霍云的弟弟霍山任奉车都尉侍中，统领南北各民族归附的军队。霍光的两个女婿分别担任东、西两宫的卫尉，兄弟辈的女婿、外孙都享有奉朝请的资格，分别做了各部门的大夫、骑都尉、给事中等官。霍光的族党亲戚在朝中连成一体，根深蒂固地盘踞着朝廷。霍光从后元年把持朝政直到宣帝继位，才把政权交给宣帝。宣帝谦让不肯接受，所有的政事都要先请示霍光，然后呈奏宣帝。霍光每次朝见宣帝，宣帝虚心庄重，对霍光十分谦恭有礼。

【原文】

光秉政前后二十年，地节二年春病笃，车驾自临问光病，上为之涕泣。光上书谢恩曰："愿分国邑三千户，以封兄孙奉车都尉山为列侯，奉兄票骑将军去病祀。"事下丞相御史，即日拜光子禹为右将军。

【译文】

霍光执掌朝政前后共二十年，地节二年春天病重，宣帝亲自登门探视，看到他病得厉害，宣帝难过得流泪。霍光上书谢恩，说："希望从我的封邑中分出三千户，用来封我哥哥的孙子车骑都尉霍山为列侯，以供奉哥哥骠骑将军霍去病的享祀。"宣帝把这事交丞相、御史办理，当天就封霍光的儿子霍禹为右将军。

【原文】

光薨，上及皇太后亲临光丧。太中大夫任宣与侍御史五人持节护丧事。中二千石治莫府冢上。赐金钱、缯絮，绣被百领，衣五十箧，璧珠玑玉衣，梓宫、便房、黄肠题凑各一具，枞木外臧椁十五具。东园温明，皆如乘舆制度。载光尸柩以辒辌车，黄屋左纛，发材官轻车北军五校士军陈至茂陵，以送其葬。谥曰宣成侯。发三河卒穿复土，起冢祠堂。置园邑三百家，长丞奉守如旧法。

【译文】

霍光去世，宣帝和皇太后亲临吊丧。太中大夫任宣和五名侍御史持节符护理丧事。中二千石的官在墓地设置临时办事机构。宣帝赏赐了金钱、丝绸、絮绵，还有一百领绣被，衣服五十箱，还赐有金缕玉衣，梓木棺材、楩木外椁、黄肠题凑各一具，枞木外臧椁十五具。东园温明秘器等随葬物品，都与皇帝葬礼一样。出葬时用辒辌车装载霍光的灵柩，车上有黄缯做的车盖，左边车衡插上了装饰有羽毛的大旗，调遣材官、轻车、北军五个营的军士列队直到茂陵，为霍光送葬。赐霍光谥号为宣成侯。皇帝征调河东、河内、河南三郡的士卒为霍光掘土修墓，建造祠堂，并在祠堂周围设置了三百户人家守护陵墓，长丞按照旧例守护陵墓。

【注释】

先驱：在前面领路。

传舍：古代供来往行人休息的处所。

遗体：留下来的身体，这是说子女的身体是父母留下来的。

诸曹侍中：负责掌管尚书各部门的侍中。诸曹，即左右曹。

奉车都尉：官名，掌管皇帝出行时的车驾。

光禄大夫：汉武帝太初元年，郎中令改为光禄勋，郎中令属下的中大夫改为光禄大夫，掌顾问应对。

禁闼：皇宫中的门，此指皇帝居住的地方。

征和二年：公元前91年。

卫太子为江充所败：此指武帝征和二年的巫蛊事件。卫太子，名据，卫皇后所生。江充与卫太子有仇，遂诬告卫太子用邪术巫蛊使武帝致病。卫太子遂发兵讨伐江充，兵败被迫自杀。

燕王旦：武帝第三子。

广陵王胥：武帝第四子。

钩弋赵婕伃：昭帝的母亲。女官名，位同上卿，爵比列侯。

属：通“嘱”，托付，委托。

黄门：官署名，有黄门侍郎等官，专门在宫内服务，侍奉皇帝。

后元二年：公元前87年。

五柞宫：汉时的行宫，今陕西周至东南。

不讳：死的婉词。

金日殚：西汉大将。本为匈奴休屠王的太子，休屠王不降被杀，金日磾母子沦落汉宫养马，后被武帝重用，赐姓金。

大司马：是冠于将军之上的加衔，有了这个加衔，就可以辅佐朝政。

左将军：官名，位次上卿，主征伐。

御史大夫：官名，主管监察、执法，兼管重要文书图籍。

后元年：即后元元年，公元前88年。

侍中仆射：官名，侍中的首领。

莽何罗：本姓马，东汉明帝马皇后乃其后人，不愿姓马，改其姓莽。

重合：县名，故城在山东乐陵东，马通封在这里。

录：登记，此指论功行赏。

玺书：皇帝的诏书。

秺：县名，故城在今山东成武西北。

卫尉：官名，掌管宫门警卫。

王莽：字稚叔，天水人，与西汉末年的王莽不是同一个人。

切让：狠狠地责备。

鸩：用鸩鸟的羽毛泡成的毒酒。

七尺三寸：汉制，约合今1.68米。

疏：疏朗。

须：嘴下边的胡子。

髯：两颊上的胡子。

识：标记。

尚符玺郎：官名，掌管皇帝的印玺符节。

谊：同“义”，意动用法。

多：称赞。

结婚：结为儿女亲家。古时妇之父母与夫之父母相称为婚姻。

内：送进去，后来写作“纳“。

休沐：指休假。

汉制：中朝官每五天可休沐一次。

德：用作动词，感恩。

内行不修：私生活不检点。

幸：希望。

故事：旧例。

右：上，当时以右为尊。

椒房：皇后所居之处。

中宫：皇后的宫室，这里指皇后。

顾：反而。

酒榷盐铁：指酒业和盐铁专营专卖。榷，专利。

都：总，集合。

肄：习，操练。

郎：指郎官。

羽林：护卫皇帝的羽林军。

跸：古代帝王出行时，禁止行人往来，叫做跸。

太官：官名，掌管皇帝饮食。

先置：先准备饮食。

长史敞：指霍光府中长史杨敞。

益：增加。

莫府：同“幕府”，指大将军府。

画室：指殿前西阁之室，西阁画古帝王像，所以称画室。

亡（wu）：通“无”。

之：往。

广明：亭驿名，在长安城东，东都门外。

属：近，近日。

遂：竟，指追究到底。

冠：冠礼。古代男子二十岁行成人礼，结发戴冠，表示成年。昭帝行冠礼在元凤四年（公元前77年），十八岁。

遂：竟，始终。

元平元年：公元前74年。

咸持：都主张。

周太王：周文王的祖父。

太伯：周太王的长子。

王季：周太王的少子，文王的父亲。

伯邑考：周文王的长子。武王：周文王的次子。

视：通“示”。

敞：指杨敞，此时为丞相。

擢：提拔。

九江：郡名，今江西全省及江苏、安徽的长江北岸一带，郡治在今安徽寿春。

皇太后：指昭帝的上官皇后，霍光的外孙女。

大鸿胪：官名，掌管朝贺庆吊的赞礼司仪。

少府：官名，掌管山海池泽的税收。

宗正：官名，掌管皇族亲属的事务。

昌邑哀王：指昭帝的哥哥刘髆，武帝第五子。

懑：烦闷。

故吏：旧日的僚属。

田延年：字子宾，曾供职于霍光幕府，很受霍光器重。

伊尹：商汤的贤相。

太甲：商汤的长孙，继位后纵欲无道，伊尹把他流放到桐宫。过了三年，太甲改过自新，伊尹把他接回，让他执政。

引：推荐。

给事中：加官名，供职于宫中，掌顾问应对。

大夫：官名，参与议政，属光禄勋。

博士：官名，掌通晓古今事物，国有疑事，备顾问，太常的属官。

鄂：通“愕”，惊讶。

唯唯：应答声，表示顺应别人的意见。

谥常为孝：汉代自惠帝起，每个皇帝的谥号前都加一个“孝”，如武帝称“孝武皇帝“。

血食：指得到享祭，享祭鬼神要杀牲。

不得旋踵：不得踌躇犹豫。

九卿：这里指田延年，因田延年任大司农，为九卿之一。

匈匈：同“汹汹”，纷扰不安的样子。

见白太后：谒见太后并向太后禀白。

幸：太后所去之处也叫做幸。

承明殿：殿名，在未央宫内。

禁门：宫门。

内：放进来，后来写作“纳“。

温室：殿名，冬日取暖之处，这里指未央宫之温室殿。

中黄门宦者：住在宫禁里在后宫当差的宦官。

廷尉：官名，掌司法。诏狱：监狱的一种，专门处治皇帝特旨交审的案犯。

中臣侍：应作“中常侍”，侍从皇帝的加官。

敕：告诫。

卒：通“猝”，突然。

物故：死亡。

自裁：自杀。

珠襦：用珍珠串缀成的短上衣。

武帐：设置有兵器和卫士的帷帐。

期门：官名，掌执兵器随从皇帝。

陛戟：在殿阶下拿着戟来护卫。

即：走近。

玺组：即玺绶。皇帝印玺上配有四彩组绶，称为玺绶。

乘舆副车：皇帝的副车。因昌邑王已被废，只能乘副车。

邸：诸侯王到京师朝见皇帝时所住的房舍。

房陵县：今湖北房县。

汤沐邑：古代帝王赐给诸侯来朝时斋戒自洁的地方。战国以后国君赐给大臣的封邑也叫汤沐邑。

皇曾孙：即宣帝，后改名询，是武帝的曾孙，故称皇曾孙。

《礼》：指《礼记》

大宗：宗法社会以嫡系长房为“大宗”，余子为“小宗”。

掖庭：官署名。

师受：从师传授。

尚冠里：里名，在长安城南。

斋：斋戒。古时参加大典前的一种仪式。整洁身心，表示虔诚。

阳武侯：古代不立庶民为皇帝，因此先封皇曾孙为阳武侯。阳武，县名，今河南原阳东南二十八里。

河北：县名，今山西芮城东北。

东武阳：县名，今山东莘县西。

兄：指霍去病。

中郎将：官名，统率羽林军，属光禄勋。

胡越兵：指外族归附的军队。

奉朝请：朝廷有事时即参加朝会。这不是官职，只是一种优遇。

根据：像树根一样盘踞着。

关白：禀告请示。

地节二年：公元前68年，为宣帝即位后的第六年。地节，宣帝的第二个年号。

车驾：此处代指皇帝。

薨：周代诸侯死亡称薨，秦汉以后也用于高级官员的死亡。

侍御史：官名，御史大夫下的监察，或奉使出外执行特定任务。

治莫府冢上：此指在坟边设置临时办事处。莫府，即幕府。

绣被：锦绣被子。

领：量词。

玉衣：衣以金丝连缀玉片而成，用以包裹尸体，又称玉匣。

梓宫：用梓木做成的棺材。

枞：松杉科常绿乔木。

东园：官署名，掌置办丧葬器物。

乘舆制度：指皇帝的丧葬制度。

辒辌车：一种供人卧息的车，旁有窗，可供开闭以调节温凉，故称辊粽车，后用作葬车。

黄屋：帝王专用的黄缯车盖。

材官：高级武官手下的武士。

轻车：汉代兵种之一。

北军：汉代禁卫军之一，共五营。

五校：即五营。北军五校的军士只有在皇帝出殡时才充任仪仗队，现在为霍光送殡，也是用皇帝丧葬的制度。

三河：汉时指河内、河东、河南三郡。

穿：挖掘墓穴。

复土：下棺后把土填上。

长丞：守护陵园的官吏。

赵广汉传

西汉宣帝时开始大力整顿吏治，一批政绩显著的清官应运而生，赵广汉是其中影响较大的代表人物之一。赵广汉年轻时曾做过州郡小吏，为人聪敏廉洁，察举孝廉时被举荐为县令，后因政绩显著被选调为京官。担任京兆尹一职时不畏豪强，瓦解朋党，破案如神，治理京城一片清明，百姓安居乐业。赵广汉聪明机智，办事雷厉风行，锋芒毕露，也因此招致祸害，后得罪皇亲贵戚而坐判腰斩，京城出现数万百姓自发为他送行的感人场面。本传通过传述一个敢作敢为、为政有绩的京官不得善终的故事，从一个侧面体现了京城政治的复杂，折射出西汉吏治的概况。

【原文】

赵广汉字子都，涿郡蠡吾人也，故属河间。少为郡吏、州从事，以廉洁通敏下士为名。举茂材，平准令。察廉为阳翟令。以治行尤异，迁京辅都尉，守京兆尹。会昭帝崩，而新丰杜建为京兆掾，护作平陵方上。建素豪侠，宾客为奸利，广汉闻之，先风告。建不改，于是收案致法。中贵人豪长者为请无不至，终无所听。宗族宾客谋欲篡取，广汉尽知其计议主名起居，使吏告曰："若计如此，且并灭家。"令数吏将建弃市，莫敢近者。京师称之。

【译文】

赵广汉字子都，涿郡蠡吾县人，蠡吾县原先归河间国管理。赵广汉年轻时做过郡守属官、刺史佐吏，因廉洁奉公、通达聪慧、礼贤下士而闻名。后来通过举荐茂材，担任平准令。察举孝廉，经过考察，又做了阳翟县县令。因政绩优异，提升为京辅都尉，代行京兆尹职。恰逢汉昭帝驾崩，而新丰人杜建担任京兆尹属官，负责助理监造昭帝陵墓的方顶。杜建向来勇武胆大、结交甚广，指使门客趁此非法谋取暴利，赵广汉听说后，先婉言规劝。杜建不知悔改，于是将其拘捕归案，以法治罪。许多皇帝身边的士官和有名望的士绅都来为杜建求情，赵广汉始终也没有听从。杜建的家族和门客谋划着想要劫狱，赵广汉对他们计划的主谋者及其动态了如指掌，派手下告诫说："如果按计行事，就会招致满门抄斩。"赵广汉下令让几名小吏将杜建斩首示众，没有敢近前闹事的人。京城对这件事情都交口称赞。

【原文】

是时，昌邑王征即位，行淫乱，大将军霍光与群臣共废王，尊立宣帝。广汉以与议定策，赐爵关内侯。

【译文】

这时，昌邑王刘贺受召即帝位，行为荒唐淫乱无度，大将军霍光和群臣共同废黜昌邑王，尊立宣帝。赵广汉因参与商议这个决策，被赐爵关内侯。

【原文】

迁颍川太守。郡大姓原、褚宗族横恣，宾客犯为盗贼，前二千石莫能禽制。广汉既至数月，诛原、褚首恶，郡中震栗。

【译文】

后来，赵广汉调任颍川太守一职。颍川郡的世家大族原、褚两家横行放肆，其门客多犯法为盗贼，前任郡守不能擒拿压制。广汉到任几个月后，便杀掉原、褚两家中的首恶分子，震惊全郡。

【原文】

先是，颍川豪桀大姓相与为婚姻，吏俗朋党。广汉患之，厉使其中可用者受记，出有案问，既得罪名，行法罚之，广汉故漏泄其语，令相怨咎。又教吏为缿筩，及得投书，削其主名，而托以为豪桀大姓子弟所言。其后强宗大族家家结为仇雠，奸党散落，风俗大改。吏民相告讦，广汉得以为耳目，盗贼以故不发，发又辄得。壹切治理，威名流闻，及匈奴降者言匈奴中皆闻广汉。

【译文】

当初，颍川郡的豪门大族互相通婚结成姻亲，吏民勾结营私、朋比为奸。赵广汉对此很是忧虑，便利用大姓朋党中一部分可以利用的人，奖励他们，让其预先得知公文内容，去告发别人；到审讯时，判定其罪行，依法进行惩处，广汉又故意泄露告密者的名字，使他们互相埋怨责备。又让手下官吏设置告密箱，收到告密信后，便削去为首告密者的姓名，却假托是某豪门大族子弟所告发。之后豪门大族互相结为仇家，朋党瓦解，风俗大为改观。官吏和庶民互相告发指责，广汉以此为耳目，因此盗贼不敢再作案，即使作案也会被捕。诸多整治调理后，广汉威名远扬，连投降汉朝的匈奴都说在匈奴部落中也久仰赵广汉的大名。

【原文】

本始二年，汉发五将军击匈奴，征广汉以太守将兵，属蒲类将军赵充国。从军还，复用守京兆尹，满岁为真。

【译文】

本始二年，汉宣帝派田广明、赵充国、田顺、范明友、韩增五位将军出师攻打匈奴。征召赵广汉以太守身份率兵随从，直属蒲类将军赵充国麾下。随军返回后，再次起用为代理京兆尹，试任满一年后正式任职。

【原文】

广汉为二千石，以和颜接士，其尉荐待遇吏，殷勤甚备。事推功善，归之于下，曰："某掾卿所为，非二千石所及。"行之发于至诚。吏见者皆输写心腹，无所隐匿，咸愿为用，僵仆无所避。广汉聪明，皆知其能之所宜，尽力与否。其或负者，辄先闻知，风谕不改，乃收捕之，无所逃，按之罪立具，即时伏辜。

【译文】

广汉身为郡守，待人处事却能和颜悦色，他安慰对待属下佐吏，凡事周全细致。政绩上有些起色，常归功于下属，说："是某某属吏的功劳，不是我这个太守力所能及的。"言行都是诚心诚意、发自内心的。属吏们在他面前都能倾吐心中所想，没有什么要隐藏的，都愿意为他效劳，即使赴汤蹈火也在所不惜。广汉天资聪颖，对属下能知人善任，并察其是否竭尽全力。若是有人不尽力的话，总是先给以告知，婉言劝说仍不改过，便收监拘捕，没有一个可以逃脱的，按所犯罪行立案判处，即刻服罪。

【原文】

广汉为人强力，天性精于吏职。见吏民，或夜不寝至旦。尤善为钩距，以得事情。钩距者，设预知马贾，则先问狗，已问羊，又问牛，然后及马，参伍其贾，以类相准，则知马之贵贱不失实矣。唯广汉至精能行之，它人效者莫能及也。郡中盗贼，闾里轻侠，其根株窟穴所在，及吏受取请求铢两之奸，皆知之。长安少年数人会穷里空舍谋共劫人，坐语未讫，广汉使吏捕治具服。富人苏回为郎，二人劫之。有顷，广汉将吏到家，自立庭下，使长安丞龚奢叩堂户晓贼，曰："京兆尹赵君谢两卿，无得杀质，此宿卫臣也。释质，束手，得善相遇，幸逢赦令，或时解脱。"二人惊愕，又素闻广汉名，即开户出，下堂叩头，广汉跪谢曰："幸全活郎，甚厚！"送狱，敕吏谨遇，给酒肉。至冬当出死，豫为调棺，给敛葬具，告语之，皆曰："死无所恨！"

【译文】

赵广汉为人强干有勇力，天性擅长处理政事。接见属吏和百姓有时竟彻夜不眠、通宵达旦。特别善于用"钩距法"查明事实真相。所谓钩距，就是假设你想得知马的价格，就先打听狗的价格，然后问羊价，再问牛价，最后问马的价格，把各个种类进行比较验证，相互参照其价格，那么就会知道马价的贵贱而不会失真了。这个方法只有广汉精通并行之有效，其他模仿的人没有一个能赶得上他。广汉对郡中盗贼和乡里小混混聚集盘踞之所都明了于心，甚至是属吏中极轻微的贪污之事都了如指掌。长安曾经有几个年轻人聚集在一个偏僻里巷的一所空屋里谋划着一起去劫人钱财，刚坐在一起还没商量完，广汉就派人把他们拘捕归案，全都俯首认罪。富人苏回在宫中做郎官，被两个人劫持了。过了一会，广汉带领捕吏来到苏回家，站在院子里，让长安丞龚奢敲门传话说京兆尹赵某奉告两位，不要杀害人质，这是宫中值班的护卫。请释放人质，束手就擒，还可以得到宽大处理，如果有幸遇到皇帝赦令，或许可以免脱罪行。”两个劫匪非常震惊，又一向听闻广汉威名，当即开门自首，到厅堂阶下叩头请罪，广汉也跪拜答谢说幸亏你们没有杀苏回，我一定会厚待你们。”收监至狱中，下令狱吏给以厚待，置办酒肉。到冬天要斩首时，广汉预先给他们准备好棺材殓具，并把实情告诉他们，二人都说：“我们死而无憾！”

【原文】

广汉尝记召湖都亭长，湖都亭长西至界上，界上亭长戏曰："至府，为我多谢问赵君。"亭长既至，广汉与语，问事毕，谓曰："界上亭长寄声谢我，何以不为致问？"亭长叩头服："实有之。"广汉因曰："还为吾谢界上亭长，勉思职事，有以自效，京兆不忘卿厚意。"其发奸擿伏如神，皆此类也。

【译文】

赵广汉曾下公文召湖县都亭长来长安，湖县都亭长向西行来到界上时，界上亭长开玩笑说："到京兆府后，代我向赵京兆尹多多问候。"都亭长到了之后，广汉接见他谈话，询问政事已毕，对他说："界上亭长托你传话问候我，你为什么没有替他致意呢？"都亭长急忙叩头谢罪说："确实有这样的事情。"广汉随之说："回去的时候替我多谢界上亭长，希望他勤勉政事、思虑自己的责任，为地方献出一己之力，我是不会忘记他的美意的。"他揭露隐藏情弊的能力都像这样明察如神。

【原文】

广汉奏请，令长安游徼狱吏秩百石，其后百石吏皆差自重，不敢枉法妄系留人。京兆政清，吏民称之不容口。长老传以为自汉兴以来治京兆者莫能及。左冯翊、右扶风皆治长安中，犯法者从迹喜过京兆界。广汉叹曰：“乱吾治者，常二辅也！诚令广汉得兼治之，直差易耳。”

【译文】

广汉上书请求朝廷把长安游徼和狱吏的俸禄增加到一百石，从此这些官吏都比较谨言慎行，不敢再违反法令随便拘捕人了。广汉治下的京兆政治清明，官吏百姓交口称赞，不绝于口。据一些年长者说，自有汉以来治理京兆的官员没有一个能比得上赵广汉的。左冯翊、右扶风的官署都设在长安，这两个地区的违法乱纪者常常流窜到京兆作案。广汉感叹说：“扰乱我治安的人，往往是二辅呀！假如让我一并治理，诚然是容易得多了。”

【原文】

初，大将军霍光秉政，广汉事光。及光薨后，广汉心知微指，发长安吏自将，与俱至光子博陆侯禹第，直突入其门，廋索私屠酤，椎破卢罂，斧斩其门关而去。时光女为皇后，闻之，对帝涕泣。帝心善之，以召问广汉。广汉由是侵犯贵戚大臣。所居好用世吏子孙新进年少者，专厉强壮蜂气，见事风生，无所回避，率多果敢之计，莫为持难。广汉终以此败。

【译文】

当初，大将军霍光执政，赵广汉在霍光手下办事。霍光死后,广汉内心晓得宣帝疑忌霍家的心思，就亲自率领长安的属吏，来到霍光儿子如今的博陆侯霍禹府第前，径直冲人其家门，以搜查非法屠宰、酿酒事为借口，砸坏酒器土墩，用刀斧砍断其门闩而去。当时，霍光的女儿是皇后，听说后，向宣帝哭诉这件事情。宣帝于心不忍，就召见责问广汉。广汉从此触犯了一些皇亲贵戚、朝中大臣。广汉府第内，喜欢任用那些世代为吏的后世子孙及初入仕途的年轻人，一味鼓励他们身强气盛、锋芒意气，他遇事雷厉风行，毫无顾忌，大多当机立断的谋划，没有人敢与他为难。广汉最终以此招致祸患。

【原文】

初，广汉客私酤酒长安市，丞相吏逐去。客疑男子苏贤言之，以语广汉。广汉使长安丞按贤，尉史禹故劾贤为骑士屯霸上，不诣屯所，乏军兴。贤父上书讼罪，告广汉，事下有司覆治。禹坐要斩，请逮捕广汉。有诏即讯，辞服，会赦，贬秩一等。广汉疑其邑子荣畜教令，后以它法论杀畜。人上书言之，事下丞相御史，案验甚急。广汉使所亲信长安人为丞相府门卒，令微司丞相门内不法事。地节三年七月中，丞相傅婢有过，自绞死。广汉闻之，疑丞相夫人妒杀之府舍。而丞相奉斋酎入庙祠，广汉得此，使中郎赵奉寿风晓丞相，欲以胁之，毋令穷正己事。丞相不听，按验愈急。广汉欲告之，先问太史知星气者，言今年当有戮死大臣，广汉即上书告丞相罪。制曰："下京兆尹治。"广汉知事迫切，遂自将吏卒突入丞相府，召其夫人跪庭下受辞，收奴婢十余人去，责以杀婢事。丞相魏相上书自陈："妻实不杀婢。广汉数犯罪法不伏辜，以诈巧迫胁臣相，幸臣相宽不奏。愿下明使者治广汉所验臣相家事。"事下廷尉治，实丞相自以过谴笞傅婢，出至外弟乃死，不如广汉言。司直萧望之劾奏："广汉摧辱大臣，欲以劫持奉公，逆节伤化，不道。"宣帝恶之，下广汉廷尉狱，又坐贼杀不辜，鞫狱故不以实，擅斥除骑士乏军兴数罪。天子可其奏。吏民守阙号泣者数万人，或言“臣生无益县官，愿代赵京兆死，使得牧养小民”。广汉竟坐要斩。

【译文】

当初，广汉的门客在长安城非法卖酒，被丞相手下的属吏赶走了。这个门客怀疑是一个叫苏贤的人告发的，把这话告诉了广汉。广汉指使长安丞审问苏贤，让尉史禹故意揭发苏贤做骑兵驻扎在霸上，不到驻军之地到任，违犯了军律。苏贤的父亲上书辩解罪过，控告广汉诬告，此案便交给朝廷官吏再次审理。结果，尉史禹被判腰斩，并请求逮捕赵广汉。逮捕诏令下来后便立即审讯广汉，广汉认罪不讳，恰好遇上大赦，最后被贬职一级。广汉怀疑是苏贤的同乡荣畜教唆贤父上书诉讼的，后来借别的罪名将荣畜判处死刑。后来有人上书揭发这件事，此案交由丞相御史审理，追查得很急。广汉便指使他的心腹之人——一个长安人去充当丞相府的看门人，让他暗中侦察丞相家中见不得人的事情。地节三年七月中旬，丞相家中的一个侍婢犯了过错，自缢而死。广汉知道后，怀疑是丞相夫人因嫉妒而把她杀死在府邸。当时，丞相正忙于斋戒洁身、奉持醇酒参加天子宗庙祭祀之事，广汉得知后，派中郎赵奉寿婉言暗示丞相，打算以婢女之死为要挟，迫使丞相不要再追查自己的案子。丞相没有听从，反而追查得愈紧了。广汉想要告发丞相，先去询问善于占星望气以卜知吉凶的太史，太史说今年会有大臣受戮而死，广汉便上书控告丞相的罪状。皇帝下诏说："交由京兆尹处理。"广汉心知事情紧迫，于是就自己率领官兵径直闯人丞相府第，传召丞相夫人跪在院子里受审讯，又拘押十多个奴婢而去，审问丞相夫人杀死奴婢之事。丞相魏相便上书给皇帝陈述说："臣妻确实没有杀死奴婢之事。广汉多次犯法违纪，不仅不认罪，反而以欺诈手段胁迫威胁微臣，幸赖臣下宽容他没有上奏。希望武帝派遣公正贤明的使臣审理广汉诬告臣妻之事。"宣帝把这个案子交给廷尉审理，确实如丞相所说的那样，是丞相自己因婢女有过错而责备鞭打她，她被赶出丞相府后在外宅自缢而死，不像广汉所说的那样。司直萧望之上书检举赵广汉的罪行说："广汉摧折、侮辱丞相，妄图胁持、威胁奉公执法之臣，违背礼节，损害教化，犯了大逆不道之罪。"宣帝对广汉很气愤，下令交给廷尉下狱治罪，又犯有滥杀无辜、审案不实、擅自驱逐骑兵违犯军律等几项罪名。

宣帝准奏。长安的官吏和百姓闻讯后有数万人跪在宫门口号啕大哭，有的说："我活着对朝廷也没什么用处，希望能替赵京兆去死，好让他能够继续治理百姓。"广汉终究被处以腰斩。

【原文】

广汉虽坐法诛，为京兆尹廉明，威制豪强，小民得职。百姓追思，歌之至今。

【译文】

广汉虽因犯法被杀，但担任京兆尹时清正廉明，制服豪强大族，使百姓安居乐业。百姓追念他，直到今天仍在歌颂赞扬他。

【注释】

涿郡：郡名，治所在涿县，今河北涿州。

蠡吾：汉县名，今河北博野西南。

河间：封国名，汉文帝时分封。今河北献县东南。

郡吏：郡守的属官。

从事：官名，汉刺史的佐吏。

茂材：即秀才，原指才德优异的人。汉以来为举荐人才的科目之一。

平准令：官职名，掌物价。

察廉：汉代选用官吏的一种方法。由郡国举荐廉洁之士，经过考察，任以官职。

京辅：京城及其附近地区。

都尉：官名，辅佐京兆尹主管军事。

京兆掾：京兆尹的属官。

平陵：汉昭帝刘弗陵的陵墓。

方上：陵墓的方顶。

风：通“讽”，用含蓄的话劝告、暗示。

收案致法：拘捕归案，以法治罪。

中贵人：皇帝所宠幸的近臣、宦官。

主名起居：主谋者和他们的动态。

弃市：古代的一种刑罚，就是在闹市执行死刑并将犯人暴尸街头

昌邑王：昌邑王，汉朝受封地建都昌邑的王室。有父子俩。父亲刘髆是汉武帝第五子，史称昌邑哀王。其子刘贺，即汉废帝，汉朝第9任皇帝，也是汉朝历史上在位时间最短的皇帝。他是汉武帝刘彻的孙子，昌邑哀王刘髆的儿子。5岁袭父爵为昌邑王。汉昭帝于公元前74年四月病卒无后。霍光迎其继位，年19岁。27天后因荒淫无度、不保社稷而被废去，依旧回故地巨野做昌邑王，元康三年被废为海昏侯，移居豫章国，今江西南昌，客死他乡，史称昌邑王或汉废帝。

宣帝：刘询，汉武帝嫡曾孙，原名刘病已，后改名刘询，为政励精，戾太子刘据之孙，史皇孙刘进之子，西汉第十位皇帝，前74年—前49年在位，是中国历史上有名的贤君。巫蛊之祸，襁褓中的刘询曾下狱，后被祖母史家收养，直到汉武帝下诏掖庭养视，上属籍宗正。元平元年（前74）昌邑王刘贺被废后，霍光等大臣将他从民间迎入宫中，先封为阳武侯，于同年7月继位，时年十七岁。第二年改年号为“本始”。他也是中国历史上一位在即位前受过牢狱

之苦的皇帝。前49年十二月，刘询因病死于长安未央官，谥号孝宣皇帝，庙号中宗，葬于今天西安市南郊的杜陵。史称“中兴“。

关内侯：爵位名。秦汉爵位二十等，关内侯为十九级，位于列侯之次。

颍川：郡名，今河南禹州。

禽：同“擒”，擒拿制服。

朋党：一些人为私利而相互勾结，朋比为奸。

厉：同“励”，奖励，鼓励。

受记：得知公文内容。

案问：审问，审讯。

匈奴：古代北方游牧民族。

本始：汉宣帝的第一个年号，公元前73—公元前69年。

五将军：指汉宣帝时派五位将军出师匈奴之事，分别为：祁连将军田广明、蒲类将军赵充国、虎牙将军田顺、度辽将军范明友和前将军韩增。

蒲类将军：汉代武官名，因蒲类译而得名。

满岁：一年，整年。

尉荐：即“慰藉”，安慰，慰劳。

掾卿：长官对属官的称谓。

写：倾吐，吐露。

僵仆：僵硬而倒毙。指死亡。

负者：背弃，不尽力的人。

钩距：辗转推问，得出实情。

贾：同“价”，价钱。

铢两之奸：数目很少的贪污受贿。铢，一种计量单位，一两的二十四分之一。

穷里：隐蔽的里巷。

郎：皇帝侍从官的通称，掌护卫陪从、差遣顾问等侍从之职。

丞：古代辅佐主要官员的官吏，如府丞、县丞等。

宿卫：在宫禁中值宿，担任警卫。

豫：事先准备。

调：治办，办理。

敛：殓，收殓。

记召：下公文召见人。

湖：古县名，京兆尹属地，今河南灵宝县西。亭长：乡官名，秦汉时在乡村每十里设一亭，亭长掌治安警卫、旅客停留等民事。设于城内或城厢的称“都亭”。

界上：也是京兆尹属地。

擿伏：揭发隐蔽的坏事。擿，揭露，揭发。

游徼：乡官名，负责巡察盗贼，兼管狱事。

差：比较地。

不容口：不绝于口。

长老：年纪大的人。

从迹：踪迹。

二辅：指前面的左冯翊、右扶风。汉代关中分为三区，京兆、左冯翊、右扶风合称“三辅”，官署都同在长安城中。广汉治下的京兆政清，左冯翊、右扶风常有犯法者，故有此说。

薨：古代称诸侯或有爵位的大官死去。

微指：尚未明显的意图。指宣帝因许皇后突然死去而疑忌霍家。

博陆侯：汉代列侯名。霍光死后由其子霍禹袭得。

屠酤：宰杀牲畜，买卖酒水。

卢：盛酒器的器具。

罂：一种酒器。

门关：门闩。

世吏：世代为吏之人。

蜂气：通“锋”，锋芒意气。

莫为持难：没有人坚持己见，与赵广汉为难。

丞相：此指魏相，宣帝时重臣，为匡扶汉室做了重大贡献。

乏军兴：古代违反军律的一种罪名，指耽误军事行动及军用物资的征调。

覆治：再次审理。

坐：因犯……而治罪。

要斩：古代一种死刑，以斧砧斩断人腰。要，同“腰”。

辞服：服罪，认罪。

案验：验证实情，以定罪名。

司：同“伺”，侦察。

傅婢：侍婢。

斋酎：古代祭祀用的醇酒。

穷正：彻底查清，究治。

太史：官名，属太常，掌天文历法。

星气：占星望气之术，以预先占卜吉凶。

制：皇帝的命令。

受辞：受审，听取供词。

廷尉：官名，掌刑狱，汉代司法的最高官吏。

谴笞：斥责而鞭挞之。

外弟：外宅，“弟“同“第”。

司直：官名，指丞相司直，帮助丞相检举不法。

萧望之：字长倩，萧何六世孙。汉宣帝、元帝时重臣。

逆节伤化：违背礼节，损害教化。

贼杀：杀害，滥杀。

鞠狱：审理案件，

斥除：驱除，驱逐。

守阙：守候于宫门。

县官：这里代指朝廷。

张禹传

张禹是西汉后期著名的经学家，因精通《论语》为天子师。成帝一心向经学，故张禹备受尊崇，官至丞相，与当时的外戚王氏并驾齐驱，位尊显贵；在经学上成就显著，影响甚大，时语有“欲为《论》，念张文”之说。但自始至终张禹都不敢与当时权贵为敌，成帝末年，为求明哲保身而曲赞交好王氏，实为儒官之弊。

除《张禹传》外，班固也传述了匡衡、孔光、马宫等儒官的事迹，反映了自西汉孝武兴儒学以来，诸儒生因通经文而居权位的现象，尤其是西汉末年，社会上更是流传着“遗子黄金满籯，不如教子一经”的谚语，许多儒生虽无治国之术，但因为名儒而显贵，班固对这一历史事实进行了如实记载，并对儒生为持禄保位而阿谀权贵的做法提出了批评。

【原文】

张禹字子文，河内轵人也，至禹父徙家莲勺。禹为儿，数随家至市，喜观于卜相者前。久之，颇晓其别蓍布卦意，时从旁言。卜者爱之，又奇其面貌，谓禹父："是儿多知，可令学经。"及禹壮，至长安学，从沛郡施雠受《易》，琅邪王阳、胶东庸生问《论语》，既皆明习，有徒众，举为郡文学。甘露中，诸儒荐禹，有诏太子太傅萧望之问。禹对《易》及《论语》大义，望之善焉，奏禹经学精习，有师法，可试事。奏寝，罢归故官。久之，试为博士。初元中，立皇太子，而博士郑宽中以《尚书》授太子，荐言禹善《论语》。诏令禹授太子《论语》，由是迁光禄大夫。数岁，出为东平内史。

【译文】

张禹，字子文，河内郡轵县人，到他父亲时，举家迁居到莲勺县。张禹还是小孩时，经常跟着家人到市集上去，喜欢到看相的人面前观看占卜。时间长了，很是懂得那些分开蓍草排列卦象的含义，往往从旁说出他的见解。占卜的人很喜欢他，又觉得他相貌不凡，对张禹的父亲说："这个小孩多才多智，可以让他学习经学。”张禹成年后，便到长安去求学，跟从沛郡人施雠学习《易经》，又向琅邪郡人王阳、胶东大儒庸生学习《论语》，全部都学有所成后，张禹便收徒讲学，后被举荐为郡文学。汉宣帝甘露年间，诸儒生向朝廷举荐张禹，宣帝诏令太子太傅萧望之考察张禹的学问。张禹用《易经》和《论语》的经典大义予以对答，萧望之对他非常赏识，上书启奏说张禹精通儒家经学，能遵循老师传授的学问法则，可以委以职事。但奏书未能批下，张禹只有辞去仍复原职。很久以后，才任张禹为博士。汉元帝初元年间，册立皇太子，博士郑宽中教授太子学习《尚书》，进言推荐说张禹精于《论语》。于是元帝下诏令张禹教太子学习《论语》，因此提升张禹为光禄大夫。几年后，又受命担任东平国内史。

【原文】

元帝崩，成帝即位，征禹、宽中，皆以师赐爵关内侯，宽中食邑八百户，禹六百户。拜为诸吏光禄大夫，秩中二千石，给事中，领尚书事。是时，帝舅阳平侯王凤为大将军辅政专权，而上富于春秋，谦让，方乡经学，敬重师傅。而禹与凤并领尚书，内不自安，数病上书乞骸骨，欲退避凤。上报曰："朕以幼年执政，万机惧失其中，君以道德为师，故委国政。君何疑而数乞骸骨，忽忘雅素，欲避流言？朕无闻焉。君其固心致思，总秉诸事，推以孳孳，无违朕意。"加赐黄金百斤、养牛、上尊酒，太官致餐，侍医视疾，使者临问。禹惶恐，复起视事，河平四年代王商为丞相，封安昌侯。

【译文】

汉元帝驾崩后，汉成帝即位，征召张禹、郑宽中入朝，两人都因是皇帝的师傅而赐爵关内侯，郑宽中封食邑八百户，张禹封六百户。并任张禹为诸吏光禄大夫，官秩二千石，加给事中，兼管尚书职事。当时，成帝的舅舅阳平侯王凤以大将军名义辅佐政事而独揽朝权，成帝年轻，谦虚有礼，一心向经学，恭敬尊重老师。故张禹与王凤一起兼管尚书事，内心很是不安，多次托病上书请求辞官归乡，想要回避与王凤争权的风头。成帝下诏回复说：“我因年幼即位，处理政事担心会有过错，阁下因道德高尚成为我的老师，因此才委以国家大事。您还有什么疑虑而多次想要辞官回乡呢，难道您忘记了我们师徒之间的往日情义？还是想要回避什么流言蜚语呢？但我并没有听到什么诋毁之语。阁下还是坚定信念、集中心思，勤勤恳恳地总管各项政事吧，不要违背我的一番心意。”又另外赏赐黄金百斤、宫廷养牛及上等贵酒，令太官为其供应饮食，御医看视病症，并派使者过府慰问。张禹诚惶诚恐，便重又到职办公。汉成帝河平四年，代替王商充任丞相，封为安昌侯。

【原文】

为相六岁，鸿嘉元年以老病乞骸骨，上加优再三，乃听许。赐安车驷马，黄金百斤，罢就第，以列侯朝朔望，位特进，见礼如丞相，置从事史五人，益封四百户。天子数加赏赐，前后数千万。

【译文】

张禹担任丞相六年，汉成帝鸿嘉元年因年老多病请求辞官，成帝对他挽留再三，才准许辞官。辞官归乡时赐予四马安车，黄金百斤，免官回府第后，仍特许以列侯身份在每月的初一和十五参加朝见，加封特进的官职，朝见之礼如同丞相时一样，给他配置僚属五人，加封食邑四百户。成帝对他多次加以赏赐，前前后后达数千万钱。

【原文】

禹为人谨厚，内殖货财，家以田为业。及富贵，多买田至四百顷，皆泾、渭溉灌，极膏腴上贾。它财物称是。禹性习知音声，内奢淫，身居大第，后堂理丝竹莞弦。

【译文】

张禹为人谨慎笃厚，家里以农田为业，内生货财。等到张禹显贵后，置田产多达四百顷，都是泾水、渭水流域灌溉方便的肥沃高价良田。其他资财也与此相当。张禹天生熟知乐音，生活奢侈淫逸，身处大宅府第，后堂丝竹管弦音乐不绝于耳。

【原文】

禹成就弟子尤著者，淮阳彭宣至大司空，沛郡戴崇至少府九卿。宣为人恭俭有法度，而崇恺弟多智，二人异行。禹心亲爱崇，敬宣而疏之。崇每候禹，常责师宜置酒设乐与弟子相娱。禹将崇入后堂饮食，妇女相对，优人莞弦铿锵极乐，昏夜乃罢。而宣之来也，禹见之于便坐，讲论经义，日晏赐食，不过一肉卮酒相对。宣未尝得至后堂。及两人皆闻知，各自得也。

【译文】

张禹的弟子中，成就比较显著的有淮阳的彭宣，官至大司空；沛郡的戴崇，官至少府，位列九卿。彭宣为人恭敬简朴，讲究法度，而戴崇性格和乐简易，聪明多才，二人品行各异。张禹心里比较喜欢戴崇，对彭宣则敬而远之。戴崇每每去看望张禹，常常要求老师应摆下酒宴，设置乐器，与弟子同乐。张禹常请戴崇到后堂之中进餐，让妇女作陪，优人吹管弄弦作乐助兴，极尽欢乐之情，直到深夜才散去。而每当彭宣来时，张禹就在厢房中接见他，讲谈议论经籍义理，到了晚上赐与饮食，也不过是一种肉食，一卮行酒。彭宣未曾有机会到张禹的后堂中去。等到两人得知老师用不同的方式接待自己时都觉得这是适宜自己品行的。

【原文】

禹年老，自治冢茔，起祠室，好平陵肥牛亭部处地，又近延陵，奏请求之，上以赐禹，诏令平陵徙亭它所。曲阳侯根闻而争之："此地当平陵寝庙衣冠所出游道，禹为师傅，不遵谦让，至求衣冠所游之道，又涉坏旧亭，重非所宜。孔子称'赐爱其羊，我爱其礼'，宜更赐禹它地。"根虽为舅，上敬重之不如禹，根言虽切，犹不见从，卒以肥牛亭地赐禹。根由是害禹宠，数毁恶之。天子愈益敬厚禹。禹每病，辄以起居闻，车驾自临问之。上亲拜禹床下，禹顿首谢恩，〔因〕归诚，言："老臣有四男一女，爱女甚于男，远嫁为张掖太守萧咸妻，不胜父子私情，思与相近。"上即时徙咸为弘农太守。又禹小子未有官，上临候禹，禹数视其小子，上即禹床下拜为黄门郎，给事中。

【译文】

张禹年纪大了，要为自己建墓地，修祠堂，他看中了平陵肥牛亭这处地，又比较接近延陵，于是上书请赐该地，成帝便把它赐予张禹，诏令平陵郡将肥牛亭迁到别处。曲阳侯王根听说后向成帝进谏说："肥牛亭正当每月昭帝陵墓衣冠出游所经之地，张禹身为师傅，不顾谦让之礼，乃至于求赐先帝衣冠出游之地，又不惜迁移毁坏旧亭，实在是太不应该了。孔子曾说‘赐啊！你可惜那只羊，我可惜那种礼’，应当考虑赐给张禹另外一处地方。”王根虽是成帝的舅舅，但成帝对他不如对张禹敬重，其所说虽是恳切，而成帝仍旧未听从，最终还是将肥牛亭赐给了张禹。王根由此事而嫉恨张禹所得恩宠，多次诋毁张禹。而成帝却更加敬重张禹。张禹每次生病，成帝都要慰问他的饮食起居情况，甚至亲自屈驾探望。成帝亲身到张禹床前看望，张禹叩首谢恩，因诚心告退，便对皇帝说道：“老臣有四儿一女，我疼爱女儿比儿子要多，可她远嫁张掖太守萧咸为妻，我饱受父女相离之苦，希望她能离自己近一点。”成帝便即刻调任萧咸为弘农太守。另外张禹的小儿子没有做官，成帝去看望张禹时，张禹多次顾视他的小儿子，成帝便立即在张禹床前任命他的小儿子为黄门郎，加给事中。

【原文】

禹虽家居，以特进为天子师，国家每有大政，必与定议。永始、元延之间，日蚀地震尤数，吏民多上书言灾异之应，讥切王氏专政所致。上惧变异数见，意颇然之，未有以明见，乃车驾至禹弟，辟左右，亲问禹以天变，因用吏民所言王氏事示禹。禹自见年老，子孙弱，又与曲阳侯不平，恐为所怨。禹则谓上曰：“春秋二百四十二年间，日蚀三十余，地震五，或为诸侯相杀，或夷狄侵中国。灾变之异深远难见，故圣人罕言命，不语怪神。性与天道，自子贡之属不得闻，何况浅见鄙儒之所言！陛下宜修政事以善应之，与下同其福喜，此经义意也。新学小生，乱道误人，宜无信用，以经术断之。”上雅信爱禹，由此不疑王氏。后曲阳侯根及诸王子弟闻知禹言，皆喜说，遂亲就禹。禹见时有变异，若上体不安，择日洁斋露蓍，正衣冠立筮，得吉卦则献其占，如有不吉，禹为感动忧色。

【译文】

张禹虽然辞官闲居在家，但还是以特进官为皇帝的师傅，每当有重大的国家政务，成帝都与他商定议策。永始、元延之际，国家多次发生日食地震现象，官吏和百姓纷纷上书说这是灾异感应，劝谏说是外戚王氏专权所造成的。成帝害怕灾异多次出现会引起什么不测，心里颇以为然，但还没有明确的定论，于是乘车到张禹的府第，屏退左右，询问张禹有关天变之事，并把官吏和百姓上书所说王氏之事对张禹说了一遍。张禹自知年事已高，子孙势单力薄，又和曲阳侯王根不和，恐怕日后被他怨恨。就对成帝说："春秋二百四十二年间，出现三十多次日食，五次地震，有时是各诸侯国之间相互残杀，有时是夷狄侵扰中原。灾异之变的感应难以预见，因此孔圣人很少谈及天命，也不谈论怪力乱神之事。人性与天道的关系，从子贡之辈起就不再论及了，何况是目光短浅、见识浅薄的儒生所说的话，更是不足以信！陛下应当广修善政来应对灾异，与百姓同甘共苦，这才是经学大义所在。那些新进小生妄言胡说，贻害他人，陛下不要信用其说，应当用经学大义来判断是非曲直。"成帝向来信任倚重张禹，因此对王氏不再疑虑。后来曲阳侯王根及各诸侯王的子弟听说张禹的言论后，都很高兴，开始亲近张禹。张禹见常常出现异常现象，有时成帝身体又欠佳，于是他便挑选吉日沐浴斋戒，露蓍于星宿下，端正衣冠立筮占卜，如果是吉卦就禀告成帝，如果不吉利，张禹为之触动而深感忧虑。

【原文】

成帝崩，禹及事哀帝，建平二年薨，谥曰节侯。禹四子，长子宏嗣侯，官至太常，列于九卿。三弟皆为校尉散骑诸曹。

【译文】

汉成帝驾崩，张禹又侍奉汉哀帝，于建平二年间去世，谥号节侯。张禹有四子，长子张宏继承爵位，官至太常，位列九卿。其余三个儿子都在校尉散骑各部任职。

【原文】

初，禹为师，以上难数对己问经，为《论语章句》献之。始鲁扶卿及夏侯胜、王阳、萧望之、韦玄成皆说《论语》，篇第或异。禹先事王阳，后从庸生，采获所安，最后出而尊贵。诸儒为之语曰："欲为《论》，念张文。"由是学者多从张氏，余家浸微。

【译文】

当初，张禹为帝师时，因为武帝难以经常向自己学习经典，就作了《论语章句》献给皇帝。当时鲁人扶卿、夏侯胜、王阳、萧望之、韦玄成都著说《论语》，篇说各异。张禹先师从王阳，后又转投庸生门下，转益多师，取众家之长，最后脱颖而出，位尊显贵。众儒生有句话说："要想精通《论语》，就要学习张禹的经文大义。"此后学者多学习张氏之文，其余各家学说都逐渐衰落了。

【注释】

轵：县名，今河南济源东南。

莲勺：县名，今陕西渭南东北。

布卦：占卜排列的卦象。

施雠：西汉经学家，字长卿，沛人。

王阳：即王吉，字子阳，兼通五经。

庸生：名谭，胶东大儒。一生不仕，潜心研究古文《尚书》和《论语》。

文学：汉代选官科目之一，为儒生进入仕途提供的机会。

甘露：汉宣帝年号，公元前53年—公元前49年。

太子太傅：官名，太子的师傅，负责辅导太子。

师法：老师传授的学问法则。

奏寝：指所奏不批复。

博士：学官名，始见于战国时代，负责保管文献档案，掌通古今。西汉武帝时设五经博士，专门传授儒家经学。

初元：汉元帝年号，公元前48年—公元前44年。

郑宽中：字少君，以博士授太子（即后来的汉成帝）。

光禄大夫：职官名，皇帝近臣，掌议论。

东平：诸侯封国名，今山东东平东。

内史：官名，西汉诸侯王国置内史，掌民政。

元帝：西汉第九位皇帝刘奭，在位16年。汉元帝刘奭生于昭帝元平六年(前75)，是刘询与嫡妻许平君生的儿子。他出生几个月后，其父即位做了皇帝。两年后，母亲许皇后被霍光妻霍显毒死。霍光死后，地节三年(前67)四月，刘奭被立为太子。黄龙元年(前49)十月，宣帝死后继位，病死于长安未央宫，终年四十二岁。葬于渭陵，今陕西咸阳市东北12里处，谥号为元帝，庙号高宗。

成帝：元帝之子，名刘骜。西汉第十二位皇帝，汉元帝刘奭与孝元皇后王政君所生的嫡子。汉成帝即位后，荒于酒色，外戚擅政，大权几乎全部为太后一族王氏掌握，为王莽篡汉埋下了祸根，各地相继爆发农民起义和铁官徒起义。汉成帝竟宁元年至绥和二年(公元前33年~公元前7年)在位，终年44岁，共在位25年。谥号孝成皇帝，庙号统宗，葬于延陵。

给事中：官名，因给事殿中而得名。西汉为大夫、博士、议郎的加官，掌顾问应对。

领尚书事：指大臣兼管尚书意。领尚书事多为大将军或光禄大夫、给事中之类的高官或皇帝心腹近臣。总揽大权，协助皇帝初审奏章。

王凤：元帝皇后王政君之兄。初为卫尉，后嗣父爵位阳平侯，成帝即位后，以外戚身份任大司马大将军，领尚书事，挟持皇帝，把揽朝政。

大将军：古代领兵的最高统帅，执掌统兵征战，多由贵戚担任，职权甚高。西汉的大将军又是内朝诸臣的领袖。

乞骸骨：古代官吏年老请求辞官的一种说法，意为使骸骨得以归葬故乡。

雅素：指师傅故旧之恩义。

无闻：指没有听说有毁短之言。

侍医：侍奉皇帝的医生，即御医。

河平：汉成帝第二个年号，公元前28年—公元前25年。

王商：字子威，西汉涿郡蠡吾人。汉成帝时官至丞相，后遭王凤谗害。

鸿嘉：汉成帝第四个年号，公元前20年—公元前17年。

安车驷马：用四匹马拉的车乘，以显尊贵。安车，古代可坐乘的小车。告老还乡或征召有名望的人，往往赐乘安车。多用一马，礼尊者则用四马。

朔望：农历每月的初一和十五。

特进：官名，西汉末设，授予列侯中有特殊地位的人，位在三公下。

从事：官职名，为高级官贵的属官。

泾、渭：指泾水和渭水两河流名。

丝竹莞弦：琴笛箫瑟等乐器的总称，也指音乐。丝，指弦乐器。竹，指管乐器。莞，管乐器。

彭宣：字子佩，号玉徵，师从张禹，深通《易经》，学识渊博。成帝时举博士，历任太原太守、大司空、右将、御史大夫等职。大司空：官名，由御史大夫改置，为三公之一。

戴崇：字子平，师从张禹，官至九卿。

少府：官名，九卿之一，掌山海地泽收入及皇室手工业制造，为皇帝私府。

优人：古代以乐舞戏谑为业的艺人。

便坐：别室，厢房。在正寝旁可以招待宾客的地方。

一肉：一样肉食，指食不重味。

卮酒：一杯行酒。卮，古代盛酒的器皿。

各自得也：指两人各自为得宜。

平陵：汉昭帝刘弗陵之墓，今陕西咸阳西北。

肥牛：亭名，欲得此亭处为冢茔。

延陵：汉成帝刘骜墓，位于今陕西咸阳渭城区。

根：王根，字稚卿，汉元帝皇后王政君之庶弟。汉成帝时封为曲阳侯，后任光禄大夫，迁大司马骠骑将军。哀帝时辅政五年，骄奢不法，被劾免官。

寝庙：古代宗庙正殿称庙，后殿称寝，合称寝庙。此处谓后殿藏先人衣冠之处。

衣冠：汉昭帝的衣冠=汉制，帝死，其衣冠每月出游一次。

起居：指张禹饮食寝卧之增损。

张掖：郡名，位于今甘肃河西走廊中部。

萧咸：字仲君，萧望之之子，官至大司农。

弘农：汉郡名，位于今河南灵宝黄河沿岸。

黄门郎：官名，掌侍从皇帝，传达诏命。宫禁之门黄闼，故称黄门郎或黄门侍郎。

永始、元延：皆汉成帝年号。永始，公元前16年—公元前13年；元延，公元前12年—公元前9年。

讥切：劝谏。

王氏：指成帝舅舅王凤家族。

弟：同“第”，府第。

夷狄：古称东方部族为夷，北方部族为狄，是古代对除华夏族以外的少数民族的泛称。

圣人：指孔子。

子贡：春秋卫国人，孔子弟子。姓端木，名赐，子贡是他的字。能言善辩，善交际，长于理财经商。

建平：汉哀帝第一个年号，公元前6年—公元前3年。

宏：张禹的长子张宏。

太常：官名，掌朝廷宗庙礼仪，事重位尊，列于诸卿之首。

校尉：军官之名，西汉武帝为了加强对长安城的防护而设中垒、屯骑、步兵、越骑、长水、胡骑、射声、虎贲八校尉。

散骑：官名，皇帝侍从，入则规谏过失，以备顾问；出则骑马散从。

扶卿：鲁人，西汉名儒，治《论语》。夏侯胜：鲁人，字长公，西汉著名今文尚书学“大夏侯学“的开创者。

韦玄成：鲁国邹人，字少翁，宣帝时以明经授为谏大夫，元帝时官至丞相。

念张文：张禹为帝师时，以鲁《论语》为基础，参考齐《论语》，著成《张侯论》，为后世所贵。

龚遂传

本传选自《汉书·循吏传》，传述宣帝时循吏龚遂的事迹。龚遂通过明经取士，这是西汉儒生进入仕途有利机会，先事昌邑王，以直言进谏、面刺王过而知名，以致举国敬畏，昌邑王被废，龚遂亦因数谏得以免祸。宣帝时临危受命，担任渤海郡太守，做事不拘泥于常规法令，平息叛逆，安定民心，一改齐地奢侈习俗，鼓励农业生产，全郡大治。

《汉书·循吏列传》所写六个循吏，有五个是宣帝时人，所谓循吏是指那些守法循理的清官。序言中指出官吏的清浊全在君主之倡导，宣帝亲政后励精图治，政治清明，倚重郡守，良吏颇多。循吏的治绩多是关心民事，发展生产，这对安定民生是很有实际意义的，但班固也指出“是后俗吏多为虚名”，批判了后世俗吏徒有虚名，务虚不务实的弊政，而龚遂做事不拘礼法，务实为本，可谓是宣帝时良吏的代表人物之一。

【原文】

龚遂字少卿，山阳南平阳人也。以明经为官至昌邑郎中令，事王贺。贺动作多不正，遂为人忠厚，刚毅有大节，内谏争于王，外责傅相，引经义，陈祸福，至于涕泣，蹇蹇亡已。面刺王过，王至掩耳起走，曰“郎中令善媿人”。及国中皆畏惮焉。王尝久与驺奴宰人游戏饮食，赏赐亡度，遂入见王，涕泣膝行，左右侍御皆出涕。王曰：“郎中令何为哭？”遂曰：“臣痛社稷危也！愿赐清闲竭愚。”王辟左右，遂曰：“大王知胶西王所以为无道亡乎？”王曰：“不知也。”曰：“臣闻胶西王有谀臣侯得，王所为儗桀纣也，得以为尧舜也。王说其谄谀，尝与寝处，唯得所言，以至于是。今大王亲近群小，渐渍邪恶所习，存亡之机，不可不慎也。臣请选郎通经术有行义者与王起居，坐则诵《诗》《书》，立则习礼容，宜有益。”王许之。遂乃选郎中张安等十人侍王。居数日，王皆逐去安等。久之，宫中数有妖怪，王以问遂，遂以为有大忧，宫室将空，语在《昌邑王传》。会昭帝崩，亡子，昌邑王贺嗣立，官属皆征入。王相安乐迁长乐卫尉。遂见安乐，流涕谓曰：“王立为天子，日益骄溢，谏之不复听，今哀痛未尽，日与近臣饮食作乐，斗虎豹，召皮轩，车九流，驱驰东西，所为悖道。古制宽，大臣有隐退，今去不得，阳狂恐知，身死为世戮，奈何？君，陛下故相，宜极谏争。”王即位二十七日，卒以淫乱废。昌邑群臣坐陷王于恶不道，皆诛，死者二百余人，唯遂与中尉王阳以数谏争得减死，髡为城旦。

【译文】

龚遂字少卿，山阳郡南平阳县人。通过明经考试做官，官至昌邑国郎中令，在昌邑王刘贺手下做事。刘贺言行举止多有不当，龚遂为人忠诚宽厚，刚正坚毅，情操高尚，入宫时对昌邑王直言劝谏，出朝堂外便责求太傅佐相，引经据典，陈诉利弊，甚至泪流满面，正言直谏无不尽言。当面指责昌邑王的过错，以至于昌邑王捂着耳朵起身便走，说：“郎中令能让人感到羞愧。”全国上下人人都敬畏龚遂。昌邑王曾经一味与驺奴宰人吃喝玩乐，恩赏赐予毫无节制，龚遂入宫觐见昌邑王，泪流满面地跪着向前，一旁侍奉昌邑王的侍从都感动地流下了眼泪。昌邑王说：“郎中令为何痛哭？”龚遂说：“臣悲痛国家将衰危啊！希望大王能恩准我单独进言以陈说一己之愚见。”昌邑王屏退左右侍从，龚遂说：“大王知道胶西王刘卬是怎样因暴虐而灭亡的吗？”昌邑王说：“不知道。”龚遂便说：“臣听说胶西王身边有个谄媚之臣叫傒得，胶西王所作所为都近于暴君桀纣，但傒得却奉承他为尧舜。胶西王喜欢傒得的阿谀谄媚，常常与他一同坐卧止息，只听信傒得的佞言谬论，才导致灭亡的下场。如今大王信任亲近小人，渐渐沾染他们的奸邪不正之气，国家的安危存亡不得不小心谨慎了。臣奏请挑选那些通晓经学、躬行仁义的侍从官与大王一同起居作息，坐卧时便诵读《诗》《书》，行动时便学习礼仪制度，应该是大有裨益的。”昌邑王恩准。龚遂便选拔张安等十个郎中服侍昌邑王。过了几天，昌邑王就把张安等人都赶走了。不久以后，宫中多次出现怪异反常的事情，昌邑王便询问龚遂，龚遂认为这是将有大灾祸的预兆，宫殿将要空废，这件事详见《昌邑王传》。这时正当汉昭帝驾崩，没有子嗣继位，昌邑王刘贺继承君位，旧时官员属吏都征召人宫。原昌邑王佐相安乐调任长乐宫卫尉。龚遂去拜见安乐，泪流满面地说：“大王继立为天子，一天比一天骄傲自满，进谏也不再听从了。如今服丧未满，天天与近臣饮酒吃喝、寻欢取乐，观看虎豹相斗，召传天子车舆，竖九旒大旗，策马疾驰，所作所为都背弃道义。古时的法式制度宽容，大臣可以隐居避官，如今不得离开，想假装疯狂，去官避祸，又怕被人发觉，下狱而身死，如何是好？阁下是陛下从前的佐相，应当极力直言劝谏。”昌邑王即位二十七天，因骄奢放纵被废。昌邑王以前的臣子因陷君王于奸恶而犯大逆不道之罪，全都被处死，死了有二百多人，只有龚遂与中尉王阳因多次进谏而得以幸免，受髡刑服劳役四年。

【原文】

宣帝即位，久之，渤海左右郡岁饥，盗贼并起，二千石不能禽制。上选能治者，丞相御史举遂可用，上以为渤海太守。时遂年七十余，召见，形貌短小，宣帝望见，不副所闻，心内轻焉，谓遂曰："渤海废乱，朕甚忧之。君欲何以息其盗贼，以称朕意？"遂对曰："海濒遐远，不沾圣化，其民困于饥寒而吏不恤，故使陛下赤子盗弄陛下之兵于潢池中耳。今欲使臣胜之邪，将安之也？"上闻遂对，甚说，答曰："选用贤良，固欲安之也。"遂曰："臣闻治乱民犹治乱绳，不可急也；唯缓之，然后可治。臣愿丞相御史且无拘臣以文法，得一切便宜从事。"上许焉，加赐黄金，赠遣乘传。至渤海界，郡闻新太守至，发兵以迎，遂皆遣还，移书敕属县悉罢逐捕盗贼吏。诸持钅且钅句田器者皆为良民，吏无得问，持兵者乃为盗贼。遂单车独行至府，郡中翕然，盗贼亦皆罢。渤海又多劫略相随，闻遂教令，即时解散，弃其兵弩而持钅且钅句。盗贼于是悉平，民安土乐业。遂乃开仓廪假贫民，选用良吏，尉安牧养焉。

【译文】

汉宣帝即帝位，许久后，渤海郡附近毗邻的两个郡县年景歉收闹饥荒，强盗和窃贼也随之起来作乱，当地郡守无法镇压制伏。宣帝选派有能力处理这件事的人，丞相和御史大夫都推荐龚遂可担当此任，宣帝封他为渤海郡太守。当时龚遂已有七十多岁，传来觐见，宣帝见他身材矮小，相貌平平，觉得与所听闻的名声不符，空有虚名，心里便有些轻视他，对龚遂说道："渤海郡饥荒作乱，朕很是忧虑。阁下打算如何平息盗贼祸乱来使朕感到称心如意呢？"龚遂对答说："渤海郡濒临海边、地处遥远，沐浴不到帝王的教化，那里的百姓生活困苦、饥寒交迫而官吏却不能体恤民情，因此才会使陛下的臣民盗用兵器在水池子里胡闹。如今陛下是想让臣用武力镇压他们呢，还是用德政去安抚呢？"宣帝听到龚遂的对答，非常高兴，就说："选任才德兼备的人，本来就是想要安抚稳定局势的。"龚遂说："臣听闻治理反叛的百姓就像解开缠绕的绳子一样，不可急进；只有缓慢行事方可安治。臣希望丞相和御史暂且不要用常规的法令条文来拘束臣，允许臣根据客观情况酌情处理一切事项。"宣帝恩准，另外赏赐黄金，赠派驿车。龚遂来到渤海边界上，郡府听闻新太守上任，派兵出外迎接，龚遂都遣送回去，接着发告公文命令所属各地县衙全部罢免追捕盗贼的官吏。那些拿着锄头、镰刀农具的人都是安分守己的善良百姓，官吏不得审问，手持兵器的人才是强盗和窃贼。龚遂一人独自驱车来到郡府，全郡安定下来，盗贼也都罢手。渤海郡的抢劫掠夺之事又多半是相互跟随而成，现在听闻龚遂的法令，当下便分散离开，扔掉了他们的兵刃和弓弩，转而拿起农具。于是盗贼便都平息，百姓安居乐业、生活安定。龚遂于是开仓赈灾，发粮给穷苦百姓，选任贤能的官吏，慰问百姓安定统治。

【原文】

遂见齐俗奢侈，好末技，不田作，乃躬率以俭约，劝民务农桑，令口种一树榆、百本薤、五十本葱、一畦韭，家二母彘、五鸡。民有带持刀剑者，使卖剑买牛，卖刀买犊，曰："何为带牛佩犊！"春夏不得不趋田亩，秋冬课收敛，益蓄果实菱芡。劳来循行，郡中皆有畜积，吏民皆富实。狱讼止息。

【译文】

龚遂见齐地风俗好挥霍享受，崇尚工商业，不喜耕作，于是以身作则带领大家俭省节约，鼓励百姓从事农业生产，下令每一口人须种植一棵榆树、百棵薤草、五十根葱，一畦韭菜，每一家养两头母猪、五只鸡。百姓有携刀带剑的，让他们卖掉剑来买牛，卖掉刀来买牛犊，对他们说："为何把牛和牛犊带在身上呢！"春季和夏季必须要到田地耕作，秋冬时核算收成，更要储存果实和菱角鸡头。慰问来到郡上的人，按时巡视各地，郡中积聚储存颇丰，官吏和百姓都富裕殷实。不再有案件诉讼之事。

【原文】

数年，上遣使者征遂，议曹王生愿从。功曹以为王生素嗜酒，亡节度，不可使。遂不忍逆，从至京师。王生日饮酒，不视太守。会遂引入宫，王生醉，从后呼，曰："明府且止，愿有所白。"遂还问其故，王生曰："天子即问君何以治渤海，君不可有所陈对，宜曰'皆圣主之德，非小臣之力也'。"遂受其言。既至前，上果问以治状，遂对如王生言。天子说其有让，笑曰："君安得长者之言而称之？"遂因前曰："臣非知此，乃臣议曹教戒臣也。"上以遂年老不任公卿，拜为水衡都尉，议曹王生为水衡丞，以褒显遂云。水衡典上林禁苑，共张宫馆，为宗庙取牲，官职亲近，上甚重之，以官寿卒。

【译文】

几年后，宣帝派遣使者征召龚遂进京面圣，议曹王生愿意作随从。功曹认为王生一向沉迷于饮酒，没有节制分寸，不可任用。龚遂不忍心拂逆王生，于是便让他一路随从到京师。王生日日喝酒，也不去看视太守。等到要引龚遂入宫面圣时，王生正当醉酒，从后面叫住龚遂说："太守请留步，下官有事禀告。"龚遂便回来询问是何缘故，王生说："天子如果要问阁下是如何治理渤海郡的，阁下不能正面回答武帝的问题，应当说'全赖武帝英明、推行德政，不是下臣力所能及的'。"龚遂听从了他的进言。入宫面圣后，宣帝果然询问龚遂是如何施政的，龚遂便用王生所教的话对答。天子很喜欢龚遂如此谦让，笑着说："阁下是如何得知说这样忠厚的话的？"龚遂向前回答说："不是下臣知道这样说，这是我的属官议曹教导告诫下官的。"宣帝因龚遂年老不能充任公卿之职，便调任他为水衡都尉，议曹王生任水衡都尉属官，以褒扬彰显龚遂的政绩。水衡都尉掌管上林苑，负责供应、置办离宫别馆的各种器物，为皇帝宗庙提供祭祀牲品，任此职者为皇帝信任亲近之人，宣帝很是器重他，最后龚遂在官任上以寿终。

【注释】

山阳：郡名，今山东金乡西北。

南平阳：县名，今山东邹县。

明经：汉代选官科目。始于汉武帝，由郡国或公卿推荐，被推举者须明习经学，后通过射策确定等级而得官。

昌邑：即昌邑王国。郎中令：官名，掌守卫宫殿门户，为皇帝左右近臣。

傅相：汉诸侯国有太傅，辅佐诸侯王。景帝时令诸侯王不得治国，改丞相为相，通称傅相。

蹇蹇：正言直谏的样子。

驺奴：驾驶车马的奴仆。

宰人：掌管膳食之官。

赐清闲：恩准单独进言。

竭愚：自谦之词，谓尽抒己之愚见。

胶西王：胶西王刘卬，参与吴楚七国叛乱，被诛。

说：同“悦”，喜欢。

寝处：坐卧、止息在一处。

郎：战国始设，帝王侍从官侍郎、中郎、郎中等的通称。职责为护卫陪从、备顾问差遣等侍从之职。

《昌邑王传》：在《汉书·武五子传》中的昌邑王部分。

亡：通“无”，没有。

安乐：人名，不知其姓。长乐卫尉：西汉军事职官名，掌领卫士，护卫长乐宫。

哀痛未尽：指为昭帝服丧服未完。

皮轩：汉皇帝所乘用虎皮装饰的车子。

九流：即九旒，天子之旗，上有九条飘带的大旗。

阳：假装。

髡：古代一种剃去罪人须发的刑罚。

城旦：古刑罚，筑城四年的劳役。

渤海：西汉郡名，今河北、辽宁的渤海海湾一带。

左右：谓旁近相次者。

御史：官名，即御史大夫，掌监察百官。与丞相、太尉合称三公。

赤子：初生幼小婴儿，比喻纯朴的人民。

兵：兵器。

潢池：积水的池塘。

说：同“悦”，高兴。

便宜从事：不拘于制度条文，根据客观情况酌情处理。

乘传：乘坐的驿车。

钽钩：种田的农具。

罢：罢手，不做盗贼了。

假：给予。

末技：古代以工商业为末技。

口：每一口人。

本：量词。用于草木，丛等。

彘：猪。

趋：向。

课：核算。

菱：菱角，一年生水生草本植物，有角。

循行：巡视各地。

议曹：郡守的属吏，参议人员。

功曹：汉代郡守有功曹史，掌人事并可参与一郡政务。

亡：同“无”，没有。

明府：汉魏以来对郡守牧尹的尊称。

说：同“悦”，高兴。

长者：这里指忠厚有德行的人。

水衡都尉：官名，掌上林苑及铸钱等事。兼管皇室财物、造船、治水等。

水衡丞：水衡都尉的属官。

共张：供应、置办各种器物。共，通“供”。

宫馆：离宫别馆，供皇帝休息游玩的地方。

以官寿卒：谓在官任上以寿终。龚遂为水衡都尉数年后卒，终年约八十多岁。

原涉传

本文节选自《汉书·游侠列传》，记叙了汉末豪侠原涉的事迹，充分表现出汉代的游侠文化精神。原涉本是官宦世家之子，性温仁而内忍，因父死辞让赙送而闻名，与诸侠士为伍，游离于上层士官和下层侠士之间，后死于西汉更始朝廷大臣的阴谋报复中。通过对原涉的记载，我们可以对汉代那些逾越官府法度，自行其是，社会影响力较大的英雄豪侠们嫉恶如仇、行侠仗义的侠士风范有一定了解。

《史记》和《汉书》都写了游侠，但不同于司马迁对布衣之侠的高度赞扬，班固更多的是从维护封建专制统治的立场出发，对游侠“背公死党”的做法进行了批判，宣扬“上下相顺”的儒家思想，但是他对游侠的产生和演变的看法具有历史学家的眼光，对游侠社会成分复杂不纯的现实的揭露也是比较中肯的。

【原文】

原涉字巨先。祖父武帝时以豪桀自阳翟徙茂陵。涉父哀帝时为南阳太守。天下殷富，大郡二千石死官，赋敛送葬皆千万以上，妻子通共受之，以定产业。时又少行三年丧者。及涉父死，让还南阳赙送，行丧冢庐三年，繇是显名京师。礼毕，扶风谒请为议曹，衣冠慕之辐辏。为大司徒史丹举能治剧，为谷口令，时年二十余。谷口闻其名，不言而治。

【译文】

原涉字巨先。祖父在武帝时因豪桀之名从阳翟迁居到茂陵。父亲在哀帝时担任南阳太守。当时天下殷实富足，一般大郡郡守死于任上者，从属官吏赠送治丧的财物多达千万钱以上，妻子儿女通通接受，用来稳定家产。而当时也很少有服三年丧期的人。等到原涉父亲死时，原涉辞让退还了南阳属吏所赠的丧物，举办丧事后在父亲墓旁守丧三年，从此名扬京师。行丧终服后，扶风拜谒请求为议曹官，官绅仰慕其名就像辐条向车毂聚集一样。原涉为大司徒史丹举贤任能处理繁重事务，担任谷口县令，这时年纪仅有二十多岁。谷口人听到原涉的名声，因其德政而感化。

【原文】

先是，涉季父为茂陵秦氏所杀，涉居谷口半岁所，自劾去官，欲报仇。谷口豪桀为杀秦氏，亡命岁余，逢赦出。郡国诸豪及长安、五陵诸为气节者皆归慕之。涉遂倾身与相待，人无贤不肖阗门，在所闾里尽满客。或讥涉曰："子本吏二千石之世，结发自修，以行丧推财礼让为名，正复雠取仇，犹不失仁义，何故遂自放纵，为轻侠之徒乎？"涉应曰："子独不见家人寡妇邪？始自约敕之时，意乃慕宋伯姬及陈孝妇，不幸壹为盗贼所污，遂行淫失，知其非礼，然不能自还。吾犹此矣！"

【译文】

当初，原涉的叔父被茂陵秦氏所杀，原涉在谷口待了大约半年，便自行检举离职，想要报仇。谷口的英勇豪杰替原涉杀掉秦氏，逃亡在外一年多，遇到有赦免的机会方才露面。郡国的豪杰之士及长安、五陵各地诸多有气节的英雄豪侠都倾心仰慕原涉而来投奔。原涉也与他们坦诚相待，无论贤与不贤都盈满门庭，所在的乡里也是宾客尽满。有人挖苦原涉说："阁下本是郡守官宦世家，少年时期修身养性，因治丧辞让赙送、守礼谦让而知名，正所谓有仇报仇，这还尚且不失仁义之道，为什么却自我放纵，甘做轻侠之辈呢？”原涉回应说：“阁下难道没听说过平民寡妇之事吗？从约束诫饬自我的那一刻开始，心中仰慕的就是宋伯姬和陈孝妇，不幸一旦被盗贼所玷污，行为举止就放纵淫佚了，虽心知于礼不合，却再也不能返持故操了。我大概也是这样的！”

【原文】

涉自以为前让南阳赙送，身得其名，而令先人坟墓俭约，非孝也。乃大治起冢舍，周阁重门。初，武帝时，京兆尹曹氏葬茂陵，民谓其道为京兆仟。涉慕之，乃买地开道，立表署曰南阳仟，人不肯从，谓之原氏仟。费用皆卬富人长者，然身衣服车马才具，妻子内困。专以振施贫穷赴人之急为务。人尝置酒请涉，涉入里门，客有道涉所知母病避疾在里宅者。涉即往候，叩门。家哭，涉因入吊，问以丧事。家无所有，涉曰："但洁扫除沐浴，待涉。"还至主人，对宾客叹息曰："人亲卧地不收，涉何心乡此！愿彻去酒食。"宾客争问所当得，涉乃侧席而坐，削牍为疏，具记衣被棺木，下至饭含之物，分付诸客。诸客奔走市买，至日昳皆会。涉亲阅视已，谓主人："愿受赐矣。"既共饮食，涉独不饱，乃载棺物，从宾客往至丧家，为棺敛劳徕毕葬。其周急待人如此。后人有毁涉者曰"奸人之雄也"，丧家子即时刺杀言者。

【译文】

原涉自认为先前辞让南阳赙送使自己享有声名，而让祖先坟墓俭省节约是不孝的。于是大加起造冢舍，阁楼回环，门宇重重。当初，武帝时，京兆尹曹氏葬在茂陵，民间把他的墓前神道称为京兆仟。原涉很羡慕，于是买下土地，开拓道路，并立碑署名为南阳仟，百姓不肯依从，称之为原氏仟。所需费用都仰仗富有显贵人家，然而自身衣着车马仅仅够用，妻子儿女在家受贫困折磨。原涉专门把赈济和施舍贫困之人、急人所急作为自己的要务。一次，有人摆酒宴请原涉，原涉走进里门时，听宾客说原涉所认识的一个人因母病而迁居此里。原涉于是前往问候，敲门后，见家人都在哭，原涉于是上前吊唁，询问后事如何办理。那家人一无所有，原涉说："只管打扫清洁、沐浴洁身，等我来。"回到宴请的主人家，对宾客叹息说："别人的亲人死后因贫穷而无法入敛，原涉哪有吃饭心情呢！希望把酒席撤掉。"宾客争相问需要什么，原涉于是侧席而坐，撰写清单，一一详细记下所需敛服棺木，乃至含于口中之物，吩咐宾客去置办。众宾客奔波于市，买办所需，至下午时汇合。原涉亲自检查后，对宴请的主人家说："可以开始宴饮了。"一起吃过饭后，单单原涉食不饱腹，于是载着所需棺物，与众宾客来到丧家，替他收敛死者，慰问吊唁者，完成丧事。其周济困急的待人之道达到这种程度。后来有人诋毁说原涉是奸人之雄，那个丧家的儿子即刻把这个人给杀了。

【原文】

宾客多犯法，罪过数上闻。王莽数收系欲杀，辄复赦出之。涉惧，求为卿府掾吏，欲以避客。文母太后丧时守复土校尉。已为中郎，后免官。涉欲上冢，不欲会宾客，密独与故人期会。涉单车驱上茂陵，投暮，入其里宅，因自匿不见人。遣奴至市买肉，奴乘涉气与屠争言，斫伤屠者，亡。是时，茂陵守令尹公新视事，涉未谒也，闻之大怒。知涉名豪，欲以示众厉俗，遣两吏胁守涉。至日中，奴不出，吏欲便杀涉去。涉迫窘不知所为。会涉所与期上冢者车数十乘到，皆诸豪也，共说尹公。尹公不听，诸豪则曰："原巨先奴犯法不得，使肉袒自缚，箭贯耳，诣廷门谢罪，于君威亦足矣。"尹公许之。涉如言谢，复服遣去。

【译文】

原涉的宾客多有犯法者，罪行过失屡屡上传朝廷。王莽数次将他们拘禁想杀掉，常常又赦免放出。原涉惧怕，请求担任卿府属官，打算以此不见客。文母太后举办丧事时，原涉暂任复土校尉。又做过中郎，最后被免官。原涉打算去上坟，又不想和诸宾客会面，就秘密地单独与从前旧友约期见面。原涉驱单车到茂陵，至傍晚时，入住到里宅内，遂隐藏不想见人。派奴仆到市集买肉，奴仆仗着原涉的气势和买肉的人争吵，砍伤屠夫就逃跑了。当时，暂任茂陵令的尹公新上任，原涉未曾去拜谒，听说这件事后勃然大怒。素知原涉是有名的豪士，想以此杀一儆百，树立威信，派遣两名官吏看守原涉。到中午时，奴仆还不出现，两吏便想杀掉原涉去复命。原涉窘迫困急不知如何是好。正当此时，原涉所约一同上坟的数十辆车到齐，都是些豪杰之士，就共同来劝说尹公开恩。尹公不听，诸多豪士便说："原涉的奴仆犯法捉不到，那就让他脱去上衣自缚其身，以箭贯耳，亲自上门谢罪吧，也算给足阁下颜面了。"尹公答应了。原涉如前所言上门谢罪，后穿好衣服离开。

【原文】

初，涉与新丰富人祁太伯为友，太伯同母弟王游公素嫉涉，时为县门下掾，说尹公曰："君以守令辱原涉如是，一旦真令至，君复单车归为府吏，涉刺客如云，杀人皆不知主名，可为寒心。涉治冢舍，奢僭逾制，罪恶暴著，主上知之。今为君计，莫若堕坏涉冢舍，条奏其旧恶，君必得真令。如此，涉亦不敢怨矣。"尹公如其计，莽果以为真令。涉繇此怨王游公，选宾客，遣长子初从车二十乘劫王游公家。游公母即祁太伯母也，诸客见之皆拜，传曰"无惊祁夫人"。遂杀游公父及子，断两头去。

【译文】

当初，原涉与新丰的富贵人家祁太伯是朋友，祁太伯一母同生的弟弟王游公向来嫉恨原涉，当时充任县令小吏，劝尹公说："阁下仗着是代行县令如此羞辱原涉，有朝一日真正的县令上任，阁下一个人回复为属吏身份，原涉门下刺客如云，刺杀别人都不知道当事者的姓名，我真为你感到寒心。原涉建坟造舍，奢侈逾礼、不合法度，罪行暴烈、臭名昭著，这是主上所知道的。眼下为阁下谋划，不如拆毁原涉所建冢舍，逐条上奏他以前的罪行，阁下肯定会得到名副其实的县令之职。这样，原涉也不敢有什么怨言了。”尹公依从了王游公的谋策，王莽果真任尹公为真正的茂陵县县令。原涉由此而怨恨王游公，精选宾客，派长子原初带随从二十乘威逼王游公家。王游公的母亲也就是祁太伯的母亲，众宾客见到祁母都下拜，转相告知说：“不要惊吓到祈夫人。”于是杀死王游公和他的儿子，砍下两颗头离去。

【原文】

涉性略似郭解，外温仁谦逊，而内隐好杀。睚眦于尘中，触死者甚多。王莽末，东方兵起，诸王子弟多荐涉能得士死，可用。莽乃召见，责以罪恶，赦贳，拜镇戎大尹。涉至官无几，长安败，郡县诸假号起兵攻杀二千石长吏以应汉。诸假号素闻涉名，争问原尹何在，拜谒之。时莽州牧使者依附涉者皆得活。传送致涉长安，更始西屏将军申屠建请涉与相见，大重之。故茂陵令尹公坏涉冢舍者为建主簿，涉本不怨也。涉从建所出，尹公故遮拜涉，谓曰："易世矣，宜勿复相怨！"涉曰："尹君，何壹鱼肉涉也！"涉用是怒，使客刺杀主簿。

【译文】

原涉性情有点像郭解，外表温厚仁爱、谦虚恭顺，而实际上隐忍不露、喜好搏杀。睚眦必报，死于其手下者甚多。王莽末年，东部战事起，诸侯王众子弟多举荐说原涉能得士人效死之心，可以一用。王莽于是召见原涉，斥责其罪恶，又加以宽恕，授以镇戎大尹之官。原涉上任不多时日，长安兵败，郡县的众起事者出兵攻伐地位较高的县级官吏来响应汉军。众起事者向来听闻原涉的名声，纷纷相问原涉所在，前往拜访谒见。当时王莽的州牧使者凡是依附原涉的都得以活命。原涉被他们用驿车送到长安，更始年间的西屏将军申屠建与之会面，非常器重他。以前那个毁坏原涉冢舍的茂陵县令尹公现为申屠建主簿，原涉本不怨恨他。原涉从申屠建那里出来，尹公故意拦路下拜说："改朝换代了，不应该再互相怨恨！"原涉说："尹公，为何一再地欺压原涉！"因此非常愤怒，派刺客刺杀了尹公。

【原文】

涉欲亡去，申屠建内恨耻之，阳言“吾欲与原巨先共镇三辅，岂以一吏易之哉！”宾客通言，令涉自系狱谢，建许之。宾客车数十乘共送涉至狱。建遣兵道徼取涉于车上，送车分散驰，遂斩涉，县之长安市。

【译文】

原涉打算逃亡离开，申屠建内心嫉恨原涉，表面上却假装说：“我打算与原涉共同安定三辅地区，岂是因一名小吏就可以改变的！”宾客互通言语，让原涉自行拘禁狱中以谢罪，申屠建应允。宾客用数十辆车乘一起送原涉到狱中。申屠建派兵中途拦劫抓获在车上的原涉，送行的车马分散疾驰，于是斩杀原涉，悬其首于长安市中。

【原文】

自哀、平间，郡国处处有豪桀，然莫足数。其名闻州郡者，霸陵杜君敖、池阳韩幼孺、马领绣君宾、西河漕中叔，皆有谦退之风。王莽居摄，诛鉏豪侠，名捕漕中叔，不能得。素善强弩将军孙建，莽疑建藏匿，泛以问建。建曰："臣名善之，诛臣足以塞责。"莽性果贼，无所容忍，然重建，不竟问，遂不得也。中叔子少游，复以侠闻于世云。

【译文】

自哀帝、平帝之际，郡国中的英雄豪杰比比皆是，但都不值得称道。闻名于州郡的有霸陵杜君敖，池阳韩幼孺，马领绣君宾，和西河漕中叔，这些人都具有谦虚谨让的风度。王莽摄政后，要铲除豪杰侠士，通缉漕中叔而没有抓到。漕中叔一向与强弩将军孙建交好，王莽怀疑孙建包庇隐藏漕中叔。有意无意地向孙建问起这件事。孙建说："我是与漕中叔交好，责罚我就足以敷衍了事了。"王莽性情果断狡猾，心胸狭隘，但是比较器重孙建，也就没再往下问，因此没有抓捕到漕中叔。漕中叔的儿子漕少游，也因豪侠而闻名于世。

【注释】

阳翟：县名，今河南禹州。

茂陵：西汉武帝陵，又为县名，今陕西西安兴平城东北。

南阳：郡名，今河南南阳。

三年丧：古丧制，丧服中最重的一种。臣为君，子为父、妻为夫等要服丧三年。

赙送：赠物助丧，也指赠送治丧的财物。

扶风：官名，即右扶风，取辅助风化的意思。相当于郡太守。

议曹：官署名，掌言事。

衣冠：指官绅。

辐辏：车辐集中在车毂，指人或物的聚集。

大司徒：官名，与大司空、大司马并称三公。

治剧：指处理繁重难办的事务。

五陵：指长陵、安陵、阳陵、茂陵、平陵。

阗门：满门，充塞门庭。

雠：动词，报仇，仇恨。

仇：名词，仇人，敌人。

宋伯姬：春秋时鲁宣公女，嫁于宋恭公。恭公卒，伯姬寡居，宫中夜晚失火，伯姬守“妇人之义，保傅不具，夜不下堂”的古训，坚持不避火，被烧死。

陈孝妇：汉文帝时人，其夫外出而死，事姑恭谨，其父母逼改嫁，孝妇誓死守节，朝廷为表彰其高义，赐黄金四十斤，赐号孝妇。

淫失：恣纵放荡。失，通“佚”，放荡，淫佚。

冢舍：指墓旁守丧人的住所。

周阁重门：形容冢舍规模宏大。

京兆尹：官名，掌治京师，参与朝议。

仟：通“阡”，这里指通往坟墓的道路。

卬：古同“仰”，仰慕，仰望。

里门：闾里的门。古代同里的人聚居在一起，设有里门。

里宅：指此里之宅。

侧席而坐：古表示忧伤。

削牍：削薄竹木为片用以书写，后泛指书写，撰述。

饭含：丧仪之一。古有把珠、玉、谷物或钱放入死者口中的习俗。富贵者多含珠玉，贫穷者多含饭。

昳：太阳偏西，即下午。

文母太后：即元后。元帝之后，王莽之姑。

守：代为管理，并非实任。

复土校尉：官名，掌扩充封土，临时设置。

斫：砍伤。

箭贯耳：古代刑罚之一，以箭贯耳，表示有罪自罚。

县门下掾：县令属吏。

传曰：转相告知说。

睚眦：嗔目怒视；瞪眼看人。

镇戎大尹：即天水太守。王莽时改天水为镇戎，太守为大尹。

假号：古代称起事者自立的名号，亦指起事者。

长吏：地位较高的县级官吏。

州牧：官名，一州之长，掌军政大权。

更始：两汉间更始帝刘玄的年号。此指刘玄。

申屠建：更使帝时的将军。姓申屠，名建。

主薄：官名，主管文书薄籍。

三辅：治理京畿区的三个官职的合称，分别为京兆尹、左冯翊、右扶风。

霸陵：县名，今陕西临潼。

池阳：县名，今陕西泾阳。

马领：县名，今甘肃环县。

西河：县名，今内蒙古准格尔旗西南。

居摄：因皇帝年幼不能亲政，由大臣代为处理政务。

名捕：指名逮捕，现在的通缉。

泛以问：用常语问，不严厉责备。

董贤传

本传节选自《汉书·佞幸传》，记载了哀帝宠臣董贤的事迹。一个在殿下传漏的卑微舍人因美貌而受宠，从此平步青云，封侯拜爵，官至大司马，位与人主相侔。所谓一人得道，百草沾恩，董氏家族也一跃成为权倾朝野的显贵之家。然而一朝帝死，后台已倾，一代弄臣落得个身死家亡、暴尸于野的下场，不仅如此，班固在最后的“赞曰”中也论及哀帝“亲便辟”，远贤人，致使国势动荡、江山欲坠的最终后果，提出“柔曼之倾意，非独女德，盖亦有男色焉”的见解，对佞人乱政进行了批判。

佞幸，即佞而见幸，指以谄媚事君之人。秦汉之际便有“力田不如逢年，善仕不如遇合”的俗谚，士人官宦为求得到君主的宠爱不惜以色、媚事君，造成佞人乱政的局面。早在班固之前的司马迁也在《史记》中列《佞幸传》一卷，并提出“观后人佞幸”“虽百世可知”的普遍现象。可知，佞幸是封建社会君主专制的产物，而反过来又对君主专制的国家毒害颇深。

【原文】

董贤字圣卿，云阳人也。父恭，为御史，任贤为太子舍人。哀帝立，贤随太子官为郎。二岁余，贤传漏在殿下，为人美丽自喜，哀帝望见，说其仪貌，识而问之，曰："是舍人董贤邪？"因引上与语，拜为黄门郎，繇是始幸。问及其父为云中侯，即日征为霸陵令，迁光禄大夫。贤宠爱日甚，为驸马都尉侍中，出则参乘，入御左右，旬月间赏赐累巨万，贵震朝廷。常与上卧起。尝昼寝，偏藉上袖，上欲起，贤未觉，不欲动贤，乃断袖而起。其恩爱至此。贤亦性柔和便辟，善为媚以自固。每赐洗沐，不肯出，常留中视医药。上以贤难归，诏令贤妻得通引籍殿中，止贤庐，若吏妻子居官寺舍。又召贤女弟以为昭仪，位次皇后，更名其舍为椒风，以配椒房云。昭仪及贤与妻旦夕上下，并侍左右。赏赐昭仪及贤妻亦各千万数。迁贤父为少府，赐爵关内侯，食邑，复徙为卫尉。又以贤妻父为将作大匠，弟为执金吾。诏将作大匠为贤起大第北阙下，重殿洞门，木土之功穷极技巧，柱槛衣以绨锦。下至贤家僮仆皆受上赐，及武库禁兵，上方珍宝。其选物上弟尽在董氏，而乘舆所服乃其副也。及至东园秘器，珠襦玉柙，豫以赐贤，无不备具。又令将作为贤起冢茔义陵旁，内为便房，刚柏题凑，外为徼道，周垣数里，门阙罘罳甚盛。

【译文】

董贤字圣卿，云阳人。父名恭，任御史职，贤任太子舍人职。哀帝即位，董贤随之由太子舍人升为郎官。两年后，在殿下报时，董贤相貌生得美丽喜人，哀帝望见，悦其美貌，看着他问道："你是舍人董贤吗？"于是召至殿上相谈，授黄门郎职，由此始得宠。哀帝得知其父为云中侯，当日提升为霸陵令，又升为光禄大夫。贤一天比一天受宠，担任驸马都尉侍中，外出则为哀帝同车警卫，上殿则侍奉左右，十几天赏赐累计巨万，其显贵震惊朝堂。董贤经常与哀帝同起同卧。有一次白天睡觉，董贤身子压住了哀帝的袖子，哀帝想起床，而董贤未醒，又不想惊醒他，于是便割断袖子起身。其恩宠相爱至此。董贤不仅性情柔和且长于言辩，善为媚词以巩固自己的地位。每每赐假，都不肯回家，常留于殿中照料哀帝医药。哀帝因董贤难得回家，便下令将他的妻子暂搬至殿中，宿在董贤平日休息处，如同官吏们的夫人居住在官署一样。又召董贤妹为昭仪，地位仅次于皇后，其宫室更名为椒风，以便与皇后的椒房看齐。昭仪及董贤与其妻早晚上下共同侍奉哀帝左右。赏赐昭仪和董贤妻也各以千万数。又提升董贤父为少府，赐关内侯爵，赏采邑，不久后又升卫尉。随后又任命董贤的岳丈为将作大匠，任其小舅子为执金吾。诏令将作大匠在北阙下为董贤修建豪华宅邸，殿阁重叠，门门相对，穷极土木之功，技巧精妙，柱子上的轩阑板披绨缀锦。下至董贤的家僮奴仆皆受皇帝赏赐，连武库兵器，皇帝珍宝亦在赏赐之列。其选贡诸品之上等皆在董氏，而皇家所用的倒是次等的。及至东园皇室棺椁，珠饰短衣，金缕玉衣，都预先赐给董贤，一应俱全。又令将作大匠在义陵旁边为董贤建造坟茔，内侧是供休息之用的房室，用坚硬的柏木作题凑；外围修建巡察道路，四周围墙绵延数里，门外墙角的网屏十分讲究。

【原文】

上欲侯贤而未有缘。会待诏孙宠、息夫躬等告东平王云后谒祠祀祝诅，下有司治，皆伏其辜。上于是令躬、宠为因贤告东平事者，乃以其功下诏封贤为高安侯，躬宜陵侯，宠方阳侯，食邑各千户。顷之，复益封贤二千户。丞相王嘉内疑东平事冤，甚恶躬等，数谏争，以贤为乱国制度，嘉竟坐言事下狱死。

【译文】

哀帝想封董贤为侯而未有机会。正在这时，待诏孙宠、息夫躬等告发东平王刘云的王后谒在祭祀时诅咒皇上，交给官吏审治，全都认罪。哀帝于是让息失躬、孙宠二人说是通过董贤告发的东平王之事，便下诏因其治乱有功而封为高安侯，息夫躬封宜陵侯，孙宠封方阳侯，采邑各千户。不久，又加封董贤二千户。丞相王嘉疑心东平王事是件冤案，非常厌恶息夫躬等人，多次进谏力争，认为董贤扰乱国家制度，王嘉竟然因谏净言事罪下狱而死。

【原文】

上初即位，祖母傅太后、母丁太后皆在，两家先贵。傅太后从弟喜先为大司马辅政，数谏，失太后指，免官。上舅丁明代为大司马，亦任职，颇害贤宠，及丞相王嘉死，明甚怜之。上浸重贤，欲极其位，而恨明如此，遂册免明曰："前东平王云贪欲上位，祠祭祝诅，云后舅伍宏以医待诏，与校秘书郎杨闳结谋反逆，祸甚迫切。赖宗庙神灵，董贤等以闻，咸伏其辜。将军从弟侍中奉车都尉吴、族父左曹屯骑校尉宣皆知宏及栩丹诸侯王后亲，而宣除用丹为御属，吴与宏交通厚善，数称荐宏。宏以附吴得兴其恶心，因医技进，几危社稷，朕以恭皇后故，不忍有云。将军位尊任重，既不能明威立义，折消未萌，又不深疾云、宏之恶，而怀非君上，阿为宣、吴，反痛恨云等扬言为群下所冤，又亲见言伍宏善医，死可惜也，贤等获封极幸。嫉妒忠良，非毁有功，於戏伤哉！盖'君亲无将，将而诛之'。是以季友鸩叔牙，《春秋》贤之；赵盾不讨贼，谓之弑君。朕闵将军陷于重刑，故以书饬。将军遂非不改，复与丞相嘉相比，令嘉有依，得以罔上。有司致法将军请狱治，朕惟噬肤之恩未忍，其上票骑将军印绶，罢归就第。"遂以贤代明为大司马卫将军，册曰："朕承天序，惟稽古建尔于公，以为汉辅。往悉尔心，统辟元戎，折冲绥远，匡正庶事，允执其中。天下之众，受制于朕，以将为命，以兵为威，可不慎与！”是时贤年二十二，虽为三公，常给事中，领尚书，百官因贤奏事。以父恭不宜在卿位，徙为光禄大夫，秩中二千石。弟宽信代贤为驸马都尉。董氏亲属皆侍中诸曹奉朝请，宠在丁、傅之右矣。

【译文】

哀帝初即位时，祖母傅太后，母亲丁太后皆在世，两家显贵。傅太后堂弟傅喜原为大司马，辅佐朝政，多次劝谏，与太后旨意相违背，被免官。哀帝的舅舅丁明接任大司马，执掌政务，十分嫉恨董贤受宠之事，当丞相王嘉下狱死时，丁明甚是同情。哀帝愈加器重董贤，打算极尽其高位，又恨丁明对董贤不满，故诏册罢免丁明，说：“先前东平王刘云觊觎皇位，祭祀时诅咒皇帝，刘云王后的舅舅伍宏凭医术待诏，与校秘书郎杨闳勾结谋反，其祸不可小觑。幸赖宗庙神灵保佑，董贤等闻讯后加以审治，皆伏其罪。将军的堂弟侍中奉车都尉丁吴、本族伯父左曹屯骑校尉丁宣皆知伍宏及栩丹与诸侯王后相亲近，而丁宣仍提拔栩丹为御属，丁吴与伍宏过从亲密，曾多次称荐伍宏。伍宏因依附于丁吴得以施展其险恶用心，凭医术待诏，几近扰乱社稷，朕因恭皇后之故，不再说些什么了。将军身处高位，职责重大，既不能扬威立义，防患未然，又不能深责刘云、伍宏之过，反而非议君上，怀疑在心，极力讨好丁宣、丁吴，痛惜刘云之徒，扬言他们是被群臣所冤枉，更是亲自向朕进言说伍宏长于医药，处死可惜，董贤等获封极为不妥。如此嫉妒忠良，诽谤有功之臣，是多么令人痛心啊！俗话说‘君亲身边无将反之人，有存此心者便要受诛’。因此季友毒杀将立庆父的叔牙，《春秋》彰其贤；赵盾返国不讨贼，史书其弑君。朕体恤将军将陷于重刑，因此下诏书以告诫。将军若果执迷不悟，仍与丞相王嘉朋比为奸，使王嘉有恃无恐，敢于欺罔君上。朝廷官员就要依法将将军投人监狱治罪，朕顾及亲情不忍加法，你还是交出骠骑将军印信和绶带，罢官归野吧。”于是让董贤接替丁明为大司马卫将军，下册书说：“朕上承天命，依循古制将你提拔到三公之位，成为汉室的辅臣。希望你尽心尽力，统领君主的大军，抵御外侮、抚靖边远，匡扶众事，不偏不倚。天下众民，受朕管辖，以将军为总领，以兵士显威武之力，能不谨慎吗！”当时，董贤仅二十二岁，虽位列三公，常侍从殿中，兼管尚书事务，百官都靠着董贤启奏政事。由于其父不适宜在卿位，调任为光禄大夫，官秩中二千石。他的弟弟董宽信接替董贤的驸马都尉职。董氏的亲属都担任侍中诸曹官职并奉朝请，其尊崇在丁、傅两族之上。

【原文】

明年，匈奴单于来朝，宴见，群臣在前。单于怪贤年少，以问译，上令译报曰："大司马年少，以大贤居位。"单于乃起拜，贺汉得贤臣。

【译文】

第二年，匈奴单于来朝见，设宴相见，群臣皆在。单于因董贤年少位尊而奇怪，便问翻译人员，哀帝令译员回答说："大司马虽年少，因为贤能而居于高位。"单于于是起身行礼，称贺汉朝得此贤臣。

【原文】

初，丞相孔光为御史大夫，时贤父恭为御史，事光。及贤为大司马，与光并为三公，上故令贤私过光。光雅恭谨，知上欲尊宠贤，及闻贤当来也，光警戒衣冠出门待，望见贤车乃却入。贤至中门，光入阁，既下车，乃出拜谒，送迎甚谨，不敢以宾客均敌之礼。贤归，上闻之喜，立拜光两兄子为谏大夫常侍。贤繇是权与人主侔矣。

【译文】

当初，丞相孔光任御史大夫时，董贤父还是御史，为孔光下属。等到董贤担任大司马，与孔光并列为三公时，哀帝有意让董贤私下拜访孔光。孔光文雅恭谨，心知哀帝欲尊崇董贤，等听说董贤快要来时，孔光布置警戒、整好衣冠在门外等候，遥望见董贤的车驾便退步迎接。董贤到了中门，孔光退人阁中，待下车后，才出门拜谒，迎送十分恭谨，不敢待之以宾客对等之礼。董贤回去一说，哀帝听后很高兴，立即任命孔光的两个侄子为谏大夫常侍。董贤从此权势与君主等同。

【原文】

是时，成帝外家王氏衰废，唯平阿侯谭子去疾，哀帝为太子时为庶子得幸，及即位，为侍中骑都尉。上以王氏亡在位者，遂用旧恩亲近去疾，复进其弟闳为中常侍。闳妻父萧咸，前将军望之子也，久为郡守，病免，为中郎将。兄弟并列，贤父恭慕之，欲与结婚姻。闳为贤弟驸马都尉宽信求咸女为妇，咸惶恐不敢当，私谓闳曰："董公为大司马，册文言'允执其中'，此乃尧禅舜之文，非三公故事，长老见者，莫不心惧。此岂家人子所能堪邪！"闳性有知略，闻咸言，心亦悟。乃还报恭，深达咸自谦薄之意。恭叹曰："我家何用负天下，而为人所畏如是！"意不说。后上置酒麒麟殿，贤父子亲属宴饮，王闳兄弟侍中中常侍皆在侧。上有酒所，从容视贤笑，曰："吾欲法尧禅舜，何如？"闳进曰："天下乃高皇帝天下，非陛下之有也。陛下承宗庙，当传子孙于亡穷。统业至重，天子亡戏言！"上默然不说，左右皆恐。于是遣闳出，后不得复侍宴。

【译文】

当初，成帝外婆家王氏衰落，只有平阿侯王谭之子王去疾，哀帝为太子时为太子庶子而受宠，及哀帝即位，升为侍中骑都尉。哀帝因王氏没有在官位的，于是因这个旧恩而亲近王去疾，又提拔王去疾的弟弟王闳为中常侍。王闳的岳父萧咸，是前将军萧望之之子，一直任郡守，因病免官，任为中郎将。兄弟二人并列为官，董贤之父董恭仰慕他们，打算结为姻亲。王闳为董贤的弟弟驸马都尉董宽信向萧咸之女求婚，萧咸诚惶诚恐，私下跟王闳说："董公任大司马，册文说'允执其中'，这是尧禅让于舜的文字，不是三公旧事，长辈们听说后，内心无不疑惧。这岂是平民子女所能堪比的啊！"王闲秉性有智有谋，听萧咸如此说，心下即明。于是回报董恭，详尽转达萧咸自谦鄙薄之意。董恭叹气说："我家有什么对不起天下的事呢，而让人家畏惧如此！"心里不快。后来哀帝在麒麟殿设宴，董贤父子亲属皆来宴饮，王闳兄弟侍中、中常侍都侍奉左右。哀帝酒一下肚，从容地看着董贤笑着说："朕打算效法尧禅位舜的古例，如何？"王闳进谏说："天下是汉高皇帝打下的天下，不是陛下私有的。陛下承继宗庙祭祀，理当传之刘氏子孙于无穷无尽。帝王之业至关重大，天子说话不能当儿戏！"哀帝默然不悦，左右皆恐慌。于是遣出王闳，以后都不能再侍从宴饮。

【原文】

贤第新成，功坚，其外大门无故自坏，贤心恶之。后数月，哀帝崩。太皇太后召大司马贤，引见东厢，问以丧事调度。贤内忧，不能对，免冠谢。太后曰："新都侯莽前以大司马奉送先帝大行，晓习故事，吾令莽佐君。"贤顿首幸甚。太后遣使者召莽。既至，以太后指使尚书劾贤帝病不亲医药，禁止贤不得入出宫殿司马中。贤不知所为，诣阙免冠徒跣谢。莽使谒者以太后诏即阙下册贤曰："间者以来，阴阳不调，灾害并臻，元元蒙辜。夫三公，鼎足之辅也，高安侯贤未更事理，为大司马不合众心，非所以折冲绥远也。其收大司马印绶，罢归第。"即日贤与妻皆自杀，家惶恐夜葬。莽疑其诈死，有司奏请发贤棺，至狱诊视。莽复风大司徒光奏："贤质性巧佞，翼奸以获封侯，父子专朝，兄弟并宠，多受赏赐，治第宅，造冢圹，放效无极，不异王制，费以万万计，国家为空虚。父子骄蹇，至不为使者礼，受赐不拜，罪恶暴著。贤自杀伏辜，死后父恭等不悔过，乃复以沙画棺四时之色，左苍龙，右白虎，上著金银日月，玉衣珠璧以棺，至尊无以加。恭等幸得免于诛，不宜在中土。臣请收没入财物县官。诸以贤为官者皆免。"父恭、弟宽信与家属徙合浦，母别归故郡巨鹿。长安中小民灌哗，乡其第哭，几获盗之。县官斥卖董氏财凡四十三万万。贤既见发，裸诊其尸，因埋狱中。

【译文】

董贤宅邸新落成，建造十分坚固，而外大门无故自己坏掉，董贤心里不悦。几个月后，哀帝驾崩。太皇太后召见大司马董贤，在东厢接见，询问丧事调度安排。董贤内心忧虑，无法对答，去冠谢罪。太后说："新都侯王莽曾以大司马身份奉送先帝大丧，通晓典制，我让他来助你一臂之力。"董贤叩头感恩。太后派使者召王莽。王莽一到，便借太后之名指使尚书弹劾董贤在哀帝生病时不亲奉医药，禁止董贤出入宫殿司马官署中。董贤不知所措，到宫中免冠赤脚谢罪。王莽派侍从以太后名义召董贤至宫下册书说："近来，阴阳不调，灾害并至，百姓蒙祸。三公之位，是鼎足而立的辅佐之臣，高安侯董贤少不更事，担任大司马不合众心，不足以抵御外侮、抚靖边远。理应收回大司马印信、绶带，罢官归家。"当天，董贤与妻子都自杀，家人恐慌，连夜埋葬。王莽疑其假死，朝廷官员奏请发冢验棺，到狱中察看。王莽又暗示大司徒孔光上奏，说："董贤品行机巧奸诈，阿谀善媚，进奸邪以获封赏，父子专擅朝政，兄弟并受恩宠，多获赏赐，修建府第宅院，营造坟茔墓室，仿效天子不加收敛，与王制无异，耗费万万钱，国库为之虚空。父子骄横跋扈，不以礼接待天子的使者，受赏赐不拜谢，罪恶昭著。董贤自杀服罪，死后其父董恭等犹不知悔过，还用朱砂涂饰棺椁、雕画四季之色，左画苍龙，右画白虎，上画金银日月图案，内饰玉衣珠璧为棺，至尊无以复加。董恭之徒侥幸得免于死，不应再居于中原。臣请没收其财物尽归官府。那些因董贤而获封之人都应罢免。”其父董恭、弟董宽信与家属迁徙于合浦，母亲另行回到故郡巨鹿。长安城中小民哗然骚动，向董贤宅邸去哭，企图伺机盗窃。官府斥卖董贤财产达四十三万万。董贤既已被发棺，裸露验尸，随之埋于狱中。

【原文】

贤所厚吏沛朱诩自劾去大司马府，买棺衣收贤尸葬之。王莽闻之而大怒，以它罪击杀诩。诩子浮建武中贵显，至大司马，司空，封侯。而王闳王莽时为牧守，所居见纪，莽败乃去官。世祖下诏曰："武王克殷，表商容之间，闳修善谨敕，兵起，吏民独不争其头首。今以闳子补吏。"至墨绶卒官，萧咸外孙云。

【译文】

董贤一向所厚爱的官吏沛郡人朱诩自我弹劾离开大司马府，买来棺材衣物收董贤尸首埋葬。王莽听说后勃然大怒，用其他的罪名将朱诩击杀。朱诩的儿子朱浮在建武年间显贵，位至大司马、司空，封为侯。而王闳在王莽时为太守，为政甚可称道，王莽败亡后便辞官归野。光武帝下诏说："武王灭商后，旌表殷贤人商容的闾里。王闳修身养善、谨慎严整，兵事兴起，吏员百姓独独不争杀王闳。如今补王闳之子为官。"其子官位秩比六百石并卒于任上，就是萧咸的外孙。

【原文】

赞曰：柔曼之倾意，非独女德，盖亦有男色焉。观籍、闳、邓、韩之徒非一，而董贤之宠尤盛，父子并为公卿，可谓贵重人臣无二矣。然进不繇道，位过其任，莫能有终，所谓爱之适足以害之者也。汉世衰于元、成，坏于哀、平。哀、平之际，国多衅矣。主疾无嗣，弄臣为辅，鼎足不强，栋干微挠。一朝帝崩，奸臣擅命，董贤缢死，丁、傅流放，辜及母后，夺位幽废，咎在亲便嬖，所任非仁贤。故仲尼著“损者三友”，王者不私人以官，殆为此也。

【译文】

赞曰：“因柔媚而惑乱人心志的，不单单是女色，男色亦然。察籍儒、闳儒、邓通、韩嫣等宠臣不一而足，而董贤的受宠尤为丰厚，父子都位列公卿，其位之尊、任之重在人臣中可说是独一无二的。然而其升迁不因德而进，跃居高位而不胜其任，故不得善终，正所谓宠爱某个人到最后反而却害了他。西汉衰落于元帝、成帝之时，动荡于哀帝、平帝之世。哀、平之际，国家多有缺失。皇帝多病后继无君，弄臣当权把持朝政，辅国重臣衰弱无力。一旦皇帝驾崩，奸臣便擅自发号施令，故董贤自缢而死，丁氏、傅氏被流放，丁后、傅后被废幽居，这一切都错在亲近谄媚小人，而不任贤近仁。因此孔子曾有“损者三友”之说，君王不以官位恩赐他人，大概说的就是这样的事情吧。

【注释】

太子舍人：官名，汉承秦制，选良家子孙任职，负责轮流宿卫。

随：迁。

传漏：报知时刻。

说：同“悦”，喜爱。

黄门郎：官名。给事宫门内的郎官，侍从皇帝，传达诏命。

光禄大夫：职官名。皇帝近臣，掌应答议论。

驸马都尉：官名，汉代始置。驸，即副，意为掌副车之马。

侍中：加官。加此官者可出入宫廷，担任皇帝侍从，掌顾问应对。

参乘：乘车时担任警卫的人。

偏籍：身子卧在上面。

觉：睡醒，醒来。

庐：指殿中止宿休息的地方。

昭仪：皇帝嫔妃的一种封号。汉元帝始设，在宫中地位仅次于皇后。

椒房：亦称“椒室”，皇后所居殿名。

少府：官名，始于战国。九卿之一，为皇帝私府。

关内侯：爵位名。为二十等级之第十九级。

卫尉：官名，负责宫禁守卫。

将作大匠：官名。执掌宫殿、宗庙、陵园的土木建造。

执金吾：官名。率禁兵守卫京城、宫室的长官。

重殿洞门：重殿，指有前后殿。洞门，谓门与门相对。

槛：轩阑之板。

绨：质地粗厚、有光泽的丝织品。

东园秘器：指皇室、显贵之人死后用的棺梓。

刚柏：坚强刚直的柏树。

徼道：巡察的道路。

待诏：官名。汉代以才技征召士人，随时听候皇帝诏令，特别优异者待诏金马门，以备应答。

谒：东平王刘云王后之名。

有司：指官吏。古代设官分职，各有专司，故称有司。

坐：因……罪。

大司马：官名。加官，常为大将军的加号，以示尊崇。后执掌所有政务，权力高于丞相。

浸：益，更加。

校秘书郎：官名。掌校刊秘府典籍。

奉车都尉：官名。掌御乘车舆。

左曹：加官。

屯骑校尉：官名。汉武帝置，八校尉之一，掌骑士。

御属：低级吏员，办理文书、车马等琐事。

恭皇后：丁后，即哀帝母。

季友鸩叔牙：季友，春秋时鲁桓少子，庄公母弟也。叔牙亦桓公子。庄公病，叔牙欲立同母兄庆父，季友便毒死了叔牙。

赵盾：晋大夫。赵穿攻打晋灵公，盾逃亡不越国境，返国后不讨赵穿，史官董狐书曰："赵盾弑其君"。

噬肤之恩：噬肤者，言自啮其肌肤。因丁明为恭后之亲，有很深的亲情，故不忍加法。

统辟元戎：言为元戎之主而统摄之。

折冲绥远：抵御敌军，安定边远。冲，冲车，战车的一种，折冲指使敌人的战车折返。

给事中：官名，因在殿中执事得名，掌顾问应对。

尚书：官名。武帝时由近臣担任，地位渐高。至宣帝时已掌实权。

中二千石：官名，汉官秩。月俸一百二十斛。

奉朝请：给闲散大官的优待，奉朝请者，即有参加朝会的资格。古代春季朝见曰“朝”，秋季朝见曰“请”。

右：上。汉以右为尊。

单于：匈奴君主的称号。

译：传语之人，相当于翻译。

御史大夫：官名。地位仅次于丞相，掌弹劾纠正及图籍秘书。

常侍：官名。皇帝的侍从近臣。

侔：并列，等同。

庶子：官名，侍从之臣。汉太子侍从官有太子庶子、太子中庶子。

骑都尉：官名。汉武帝始设，掌羽林骑，无定员。

中常侍：西汉时为加官，多为皇帝近臣，给事左右。

中郎将：官名。统领皇帝侍卫，属光禄勋。

上有酒所：武帝喝了些酒。

功坚：极其坚牢。

免冠：脱帽，表示谢罪。

大行：指新近去世的皇帝，取一去不复返之意。

渴者：官名，掌传达、通报的侍从。

三公：西汉末，以大司马、大司徒、大司空为三公。

翼：进。

骄蹇：傲慢，不顺从。

沙画棺：以朱砂涂在表面，而又雕画。沙，朱砂。

建武：东汉光武帝刘秀的第一个年号。

世祖：皇帝庙号。此指汉光武帝刘秀。

商容：殷商贤人。

墨绶：系在印纽上的黑色丝带。古代秩比六百石以上的官员皆授铜印黑绶。绶，一种丝质带子。

柔曼：指姿容柔媚艳丽。曼，有光泽，

籍、闳、邓、韩：皆汉代皇帝的佞幸宠臣。籍儒，高祖宠臣；闳儒，惠帝宠臣；邓通，文帝宠臣；韩嫣，武帝宠臣。

鼎足：比喻处于重要地位的人。

栋干：栋梁干材，比喻担当国家重任的人。

挠：弱，削弱。

辜及母后：哀帝死后，皇太后赵氏被贬为孝成皇后，退居北宫，哀皇后傅氏退居桂宫。

便嬖：邪佞之臣。

损者三友：益者三友，损者三友。友直、友亮、友多闻，益矣；友便辟、友善柔、友便佞，损矣。出自《论语》。

王莽传

《汉书·王莽传》分上、中、下三卷，本文节选自卷上，写王莽步步高升，最终登上皇帝宝座，篡汉建国的历程。

王氏家族为外戚显贵，但由于王莽父亲早死，王莽早年遭受失怙之忧，因此更加勤奋好学，慎言慎行，凭借“外交英俊”、“内事诸父”的手腕逐步踏上仕途。王莽为人处世好求名声，性情“色厉言方”，在汉衰之世，欺上瞒下，“诬罔天下”，以诈术赢得朝廷和太后的信任，受众人拥戴，名为辅臣，实行天子之权，最终篡汉称帝，建立历史上的王莽政权。王莽历来是一个颇受争议的历史人物，他的种种改制为历代人所唾骂，《汉书》也是以否定的态度来记载他的事迹。

【原文】

王莽字巨君，孝元皇后之弟子也。元后父及兄弟皆以元、成世封侯，居位辅政，家凡九侯、五大司马，语在《元后传》。唯莽父曼蚤死，不侯。莽群兄弟皆将军五侯子，乘时侈靡，以舆马声色佚游相高，莽独孤贫，因折节为恭俭。受《礼经》，师事沛郡陈参，勤身博学，被服如儒生。事母及寡嫂，养孤兄子，行甚敕备。又外交英俊，内事诸父，曲有礼意。阳朔中，世父大将军凤病，莽侍疾，亲尝药，乱首垢面，不解衣带连月。凤且死，以托太后及帝，拜为黄门郎，迁射声校尉。

【译文】

王莽字巨君，是孝元皇后的侄子。孝元皇后的父辈及兄弟们在元帝、成帝时都得以封侯，地位显赫，辅佐朝政，家族中总共有九个列侯，五位大司马，这些在《元后传》中都有记载。只有王莽的父亲王曼早死，未得侯位。王莽的堂兄弟们都是将军列侯之后，便仗着贵戚之势奢侈浪费，争相攀比车马之多、姬妾之众，行为放纵无拘束，而独独王莽早孤贫寒，因此自降身份，为人节俭恭谨。学习《礼经》，拜沛郡人陈参为师，勤奋修身，博览群书，衣服穿着和普通书生一样。王莽侍奉母亲和守寡的嫂子，抚养哥哥留下的孤儿，行为严谨检点。又在外交结贤俊英才，在内侍奉诸位伯父叔父，委婉周到，颇有礼节。阳朔年间，王莽的伯父，即大将军王凤病了，王莽侍奉左右，亲尝汤药，蓬头垢面，接连好几个月衣不解带，没有好好休息。王凤临死时，将他托付给王太后和成帝，后来王莽被任命为黄门郎，又提升为射声校尉。

【原文】

久之，叔父成都侯商上书，愿分户邑以封莽，及长乐少府戴崇、侍中金涉、胡骑校尉箕闳、上谷都尉阳并、中郎陈汤，皆当世名士，咸为莽言，上由是贤莽。永始元年，封莽为新都侯，国南阳新野之都乡，千五百户。迁骑都尉光禄大夫侍中，宿卫谨敕，爵位益尊，节操愈谦。散舆马衣裘，振施宾客，家无所余。收赡名士，交结将相卿大夫甚众。故在位更推荐之，游者为之谈说，虚誉隆洽，倾其诸父矣。敢为激发之行，处之不惭恧。

【译文】

很久以后，王莽的叔父成都侯王商给皇帝上书说，希望将自己封邑中的一些民户分封给王莽，后来长乐少府戴崇、侍中金涉、胡骑校尉箕闳、上谷都尉阳并、中郎陈汤，这些人都是当代的知名人士，纷纷上书称赞王莽，从此，成帝开始看重王莽。汉成帝永始元年间，赐封王莽为新都侯，封国在南阳郡新野县的都乡，食邑一千五百户。后又升迁为骑都尉光禄大夫加侍中衔。王莽在宫中侍卫严谨，周到细致，他的身份越来越尊贵，为人处世却越来越谦逊。常散发车马衣裳，救济宾客，赈济他人，致使家中所剩无几。王莽收纳供养的知名人士，及结交的将相大臣很多。因此当权的高官更加举荐他，社会上的游士也宣扬称赞他，王莽声名鹊起，甚至超过了他的伯父和叔父们。王莽善于矫饰，行为造作，这样做了也不会感到羞愧。

【原文】

莽兄永为诸曹，蚤死，有子光，莽使学博士门下。莽休沐出，振车骑，奉羊酒，劳遗其师，恩施下竟同学。诸生纵观，长老叹息。光年小于莽子宇，莽使同日内妇，宾客满堂。须臾，一人言太夫人苦某痛，当饮某药，比客罢者数起焉。尝私买侍婢，昆弟或颇闻知，莽因曰："后将军朱子元无子，莽闻此儿种宜子，为买之。"即日以婢奉子元。其匿情求名如此。

【译文】

王莽的哥哥王永官至诸曹，死得早，有个儿子叫王光，王莽让他拜在一个博士门下学习。王莽休假回家时，便整顿车马，带着酒肉，前去慰劳王光的师傅，赏赐遍及他的同学。许多学生围着观看，年纪大的人赞叹不已。王光比王莽的儿子王宇年纪要小，王莽让他们在同一天娶亲，宾客济济一堂。过了一会儿，有人回报说太夫人哪个地方不舒服，应该服用某种药，等宾客散尽时，王莽已多次动身前往探视。有一次，王莽私下里买了个侍婢，兄弟中有人知道了，王莽便说："后将军朱博没有儿子，我听说这个婢女的血统宜于生养儿子，便替他买了下来。”当天便把这个婢女送给了朱博。他为求名声不惜隐瞒真情已达到了如此程度。

【原文】

是时，太后姊子淳于长以材能为九卿，先进在莽右。莽阴求其罪过，因大司马曲阳侯根白之，长伏诛，莽以获忠直，语在《长传》。根因乞骸骨，荐莽自代，上遂擢为大司马。是岁，绥和元年也，年三十八矣。莽既拔出同列，继四父而辅政，欲令名誉过前人，遂克己不倦，聘诸贤良以为掾史，赏赐邑钱悉以享士，愈为俭约。母病，公卿列侯遣夫人问疾，莽妻迎之，衣不曳地，布蔽膝。见之者以为僮使，问知其夫人，皆惊。

【译文】

当时，王太后的外甥淳于长因有才能而位列九卿，发迹在先，地位在王莽之上。王莽暗地里调查了他的罪过，通过大司马曲阳侯王根告发了他，淳于长伏法被杀，王莽因此获得了忠正耿直的美誉，这在《淳于长传》中有记载。之后王根请求辞官归家，进荐王莽接替自己，于是成帝提拔他为大司马。这一年为绥和元年，王莽当时三十八岁。王莽在同辈中已是佼佼者，又继诸位伯父叔父之后辅佐朝政，于是想要自己的名誉超过前人，便不知疲倦地严格要求自己，聘请许多贤良之士在自己手下办事，将成帝的赏赐和封邑赋税所得全部用来款待士人，为人越来越俭省节约。他母亲病了，朝中大臣和列侯让自己的夫人前往探视，王莽的夫人出来迎接，衣裙不拖到地面，前面还系着布围裙。见到的人都以为是一名奴婢，询问得知是王莽夫人，都大吃一惊。

【原文】

辅政岁余，成帝崩，哀帝即位，尊皇太后为太皇太后。太后诏莽就第，避帝外家。莽上疏乞骸骨，哀帝遣尚书令诏莽曰："先帝委政于君而弃群臣，朕得奉宗庙，诚嘉与君同心合意。今君移病求退，以著朕之不能奉顺先帝之意，朕甚悲伤焉。已诏尚书待君奏事。"又遣丞相孔光、大司空何武、左将军师丹、卫尉傅喜白太后曰："皇帝闻太后诏，甚悲。大司马即不起，皇帝即不敢听政。"太后复令莽视事。

【译文】

王莽辅政一年多，成帝驾崩，哀帝即位，尊称皇太后为太皇太后。王太后诏令王莽辞官归家，让权给哀帝的外戚丁氏和傅氏。于是王莽上书给皇帝请求辞官归退，哀帝派尚书令传旨给王莽说："先帝于群臣之中将政务委托给您，朕得以继承皇位，诚心诚意盼望能与阁下齐心合力管理朝政。如今您上书说因病要请退，这是昭显我不能秉承先帝的意愿，朕实在是很伤心。现已令尚书在此随时恭候您上书言事。"又派丞相孔光、大司空何武、左将军师丹、卫尉傅喜禀告太后说："皇帝听到太后的诏令后，非常悲伤。大司马如果不出来辅政，皇帝也不敢再处理政务了。”于是太后重新又让王莽出来主事。

【原文】

时哀帝祖母定陶傅太后、母丁姬在，高昌侯董宏上书言："《春秋》之义，母以子贵，丁姬宜上尊号。"莽与师丹共劾宏误朝不道，语在《丹传》。后日，未央宫置酒，内者令为傅太后张幄，坐于太皇太后坐旁。莽案行，责内者令曰："定陶太后藩妾，何以得与至尊并！"彻去，更设坐。傅太后闻之，大怒，不肯会，重怨恚莽。莽复乞骸骨，哀帝赐莽黄金五百斤，安车驷马，罢就第。公卿大夫多称之者，上乃加恩宠，置使家，中黄门十日一赐餐。下诏曰："新都侯莽忧劳国家，执义坚固，朕庶几与为治。太皇太后诏莽就第，朕甚闵焉。其以黄邮聚户三百五十益封莽，位特进，给事中，朝朔望见礼如三公。车驾乘绿车从。"后二岁，傅太后、丁姬皆称尊号，丞相朱博奏："莽前不广尊尊之义，抑贬尊号，亏损孝道，当伏显戮，幸蒙赦令，不宜有爵土，请免为庶人。"上曰："以莽与太皇太后有属，勿免，遣就国。"

【译文】

当时哀帝的祖母定陶傅太后和母亲丁姬都在世，高昌侯董宏给皇帝上书说："《春秋》经义，母亲因儿尊贵而尊贵，丁姬应当上封尊。”王莽与师丹一起上书指责董宏误乱朝纲，大逆不道，这事记载于《师丹传》中。后来有一天，未央宫摆宴席，内者令将傅太后的帷帐设在王太后座位旁边。王莽巡视发现，责备内者令说：“定陶太后是诸侯王的太后，怎么可以与最尊贵的太皇太后并列！”于是撤去帷帐，另外设了个座。傅太后听说后，勃然大怒，没有去参加宴会，由此对王莽深加怨恨。王莽又请求归退，哀帝赏赐他黄金五百斤，乘坐套四匹马的安车，辞官回家了。朝中大臣对王莽多有赞誉，哀帝于是对他更加优待和宠信，专门派使者在他家中侍候着，让宫中太监每十天便赏赐一次酒食。颁布诏令说：“新都侯王莽为国家忧心劳力，奉行公义从不疏忽，朕几乎是全靠他才得以治理天下。太皇太后诏令王莽辞官归家，朕感到非常可惜。现在将黄邮聚的三百五十家民户加封给他，赐特进位，加给事中，每逢初一、十五上朝朝见，礼如三公，皇帝出行，允许他乘坐绿车随从。”两年后，傅太后、丁姬都得以上封尊号，丞相朱博上书说：“王莽之前不能弘扬尊崇尊贵的大义，压制贬低太后的尊号，于皇上孝心有损，理应伏法受诛，幸赖承蒙皇上赦免，但不应再有爵位和封土，请将他降为庶民。”哀帝回说：“因王莽与太皇太后有亲属关系，不宜免为庶民，就将他遣回封国以示惩罚吧。”

【原文】

莽杜门自守，其中子获杀奴，莽切责获，令自杀。在国三岁，吏上书冤讼莽者以百数。元寿元年，日食，贤良周护、宋崇等对策深颂莽功德，上于是征莽。

【译文】

王莽回封国后杜绝门庭，安分守己，他的中子王获杀死了一个奴仆，王莽痛斥王获，让他自杀谢罪。在封国待了三年，官吏上书为王莽申辩诉冤的数以百计。元寿元年，出现日食，贤良周护、宋崇等在回答皇帝策问时对王莽的功德多加颂扬，皇帝于是将王莽征召回朝。

【原文】

始莽就国，南阳太守以莽贵重，选门下掾宛孔休守新都相。休谒见莽，莽尽礼自纳，休亦闻其名，与相答。后莽疾，休候之，莽缘恩意，进其玉具宝剑，欲以为好。休不肯受，莽因曰："诚见君面有瘢，美玉可以灭瘢，欲献其瑑耳。"即解其掾，休复辞让。莽曰："君嫌其贾邪？"遂椎碎之，自裹以进休，休乃受。及莽征去，欲见休，休称疾不见。

【译文】

当初王莽回到封国时，南阳太守因王莽权显位重，便选调门下的属官宛县人孔休暂代新都侯佐相。孔休去拜见王莽，王莽极尽礼节主动结交他，孔休也听说过王莽的声名，两人相互往来。后来王莽病了，孔休前往问候，王莽借此探视之情，送上用美玉装饰的宝剑，想要交好孔休。孔休不肯接受，王莽于是说："我是见阁下脸上有疤痕，而美玉可以消瘢，因此是想赠送你这上面的玉饰。"于是解下玉饰来送给孔休。孔休还是辞让不肯接受。王莽说："阁下是嫌它有价值吗？"于是捣碎了那块美玉，将碎片包起来送给孔休，孔休于是接受了。等到王莽被征召回朝时，想见一见孔休，孔休借口生病避而不见。

【原文】

莽还京师岁余，哀帝崩，无子，而傅太后、丁太后皆先薨，太皇太后即日驾之未央宫收取玺绶，遣使者驰召莽。诏尚书，诸发兵符节，百官奏事，中黄门、期门兵皆属莽。莽白："大司马高安侯董贤年少，不合众心，收印绶。"贤即日自杀。太后诏公卿举可大司马者，大司徒孔光、大司空彭宣举莽，前将军何武、后将军公孙禄互相举。太后拜莽为大司马，与议立嗣。安阳侯王舜，莽之从弟，其人修饬，太后所信爱也，莽白以舜为车骑将军，使迎中山王奉成帝后，是为孝平皇帝。帝年九岁，太后临朝称制，委政于莽。莽白赵氏前害皇子，傅氏骄僭，遂废孝成赵皇后、孝哀傅皇后，皆令自杀，语在《外戚传》。

【译文】

王莽回到京城一年多，哀帝驾崩，无子嗣继位，傅太后和丁太后也都在先去世了，太皇太后当天便来到未央宫将玺绶掌握在手，派使者飞奔去召王莽前来。诏令尚书，将军队的兵符符节交给王莽，百官上书言事，中黄门、期门兵也都归王莽管制。王莽说："大司马高安侯董贤年轻，不合众人心意，特收回其官印。"董贤当天便自杀了。太后命令大臣举荐可以担任大司马职位的人，大司徒孔光、大司空彭宣举荐王莽，前将军何武、后将军公孙禄互相举荐。太后便任命王莽为大司马，与他一起商议皇位继承人的问题。安阳侯王舜是王莽的堂弟，为人周全谨慎，太后一向很宠信他，王莽建议任命王舜为车骑将军，让他迎立中山王刘衎继承皇位，就是后来的孝平皇帝。皇帝年仅九岁，太后临朝听政，将政务委托给王莽处理。王莽又说，赵飞燕姐妹之前杀害皇子，傅太后平日骄横，僭越礼制，于是废黜了赵皇后和傅皇后，让她们自杀，这些在《汉书·外戚传》中都有记载。

【原文】

莽以大司徒孔光名儒，相三主，太后所敬，天下信之，于是盛尊事光，引光女婿甄邯为侍中奉车都尉。诸哀帝外戚及大臣居位素所不说者，莽皆傅致其罪，为请奏，令邯持与光。光素畏慎，不敢不上之，莽白太后，辄可其奏。于是前将军何武、后将军公孙禄坐互相举免，丁、傅及董贤亲属皆免官爵，徙远方。红阳侯立太后亲弟，虽不居位，莽以诸父内敬惮之，畏立从容言太后，令己不得肆意，乃复令光奏立旧恶："前知定陵侯淳于长犯大逆罪，多受其赂，为言误朝；后白以官婢杨寄私子为皇子，众言曰吕氏、少帝复出，纷纷为天下所疑，难以示来世，成襁褓之功。请遣立就国。"太后不听。莽曰："今汉家衰，比世无嗣，太后独代幼主统政，诚可畏惧，力用公正先天下，尚恐不从，今以私恩逆大臣议如此，群下倾邪，乱从此起！宜可且遣就国，安后复征召之。"太后不得已，遣立就国。莽之所以胁持上下，皆此类也。

【译文】

王莽因大司徒孔光是知名大儒，又辅佐三代君主，为太后所敬重，天下人所信赖，于是对孔光极尽尊崇，引荐孔光的女婿甄邯担任侍中奉车都尉。对所有那些哀帝的外戚和他素来不喜欢的在位大臣，王莽都罗织一些罪名，写成奏章，让甄邯拿给孔光。孔光一向谨慎怕事，不敢不上奏，王莽又禀告太后，奏章常得以批准。于是前将军何武、后将军公孙禄因互相举荐要当大司马的罪名而被免职，哀帝外戚丁氏、傅氏家族以及董贤的亲属都被免官夺爵，流放到远方。红阳侯王立是王太后的亲弟弟，虽然没有在朝为官，但王莽因他是自己的叔父而心里感到畏惧，怕王立在背后怂恿太后，让自己不能肆意妄为，于是又让孔光上书揭发王立原先的罪名说："以前明知定陵侯淳于长犯了大逆不道之罪，因接受了他许多贿赂，对他妄加称誉，迷惑了朝廷；后来又说要将官婢杨寄的私生子立为皇子，众人都说这是吕后和少帝的历史重现，被天下人议论纷纷，疑虑丛生，难以昭示天下，完成辅助幼主的功业。请将王立遣回封国去，以示惩罚。"太后不听从。王莽说："如今汉室衰微，成帝和哀帝都无子嗣继位，太后独自代幼主统领政权，实在是该谨小慎微些，即使极力做到公平正义为天下人的表率，还恐怕有不顺从的人，如果现在因一己之私而违逆大臣们商定好的意见，就会使百官倾轧，祸乱就由此发生了！可以暂时将他遣送回封国，以后慢慢再将其召回。”太后没有办法，便遣送王立回到了封国。

王莽之所以能胁上欺下，用的都是这一类的手段。

【原文】

于是附顺者拔擢，忤恨者诛灭。王舜、王邑为腹心，甄丰、甄邯主击断，平晏领机事，刘歆典文章，孙建为爪牙。丰子寻、歆子棻、涿郡崔发、南阳陈崇皆以材能幸于莽。莽色厉而言方，欲有所为，微见风采，党与承其指意而显奏之，莽稽首涕泣，固推让焉，上以惑太后，下用示信于众庶。

【译文】

于是依附顺从他的人会得到提拔升迁，忤逆怨恨他的人就会被杀害。王舜、王邑是他的心腹之人，甄丰、甄邯掌纠察、审断，平晏统管军机大事，刘歆主管典章制度，孙建是他的得力助手。甄丰的儿子甄寻、刘歆的儿子刘棻、涿郡人崔发、南阳人陈崇都因才能而得到王莽的赏识。王莽外表一副凛然大气，又假为方直言辞，每当想做什么事情，只略以神情示意，党羽便会按他的意思明白地上书奏请，王莽自己又磕头泣涕，坚决推辞以显谦让，在上用以迷惑王太后，在下向广大百姓昭显诚信。

【原文】

始，风益州令塞处蛮夷献白雉，元始元年正月，莽白太后下诏，以白雉荐宗庙。群臣因奏言太后“委任大司马莽定策安宗庙。故大司马霍光有安宗庙之功，益封三万户，畴其爵邑，比萧相国。莽宜如光故事。”太后问公卿曰：“诚以大司马有大功当著之邪？将以骨肉故欲异之也？”于是群臣乃盛陈：“莽功德致周成白雉之瑞，千载同符。圣王之法，臣有大功则生有美号，故周公及身在而托号于周。莽有定国安汉家之大功，宜赐号曰安汉公，益户，畴爵邑，上应古制，下准行事，以顺天心。”太后诏尚书具其事。

【译文】

之前，王莽暗示益州郡的官员让边界的越裳氏进献白雉，元始元年正月，王莽提议皇太后下诏说，拿白雉在宗庙祭祀。百官趁势上书进言太后说：“太后委任大司马王莽谋定皇嗣，辅佐汉室。以前大司马霍光也因有辅佐汉室的功劳，加封户邑三万户，特许子孙继承的爵位、封邑和他在世时同等，堪比萧相国。王莽也应遵循霍光旧例。”太后询问百官说：“果真是大司马功劳显著当受表彰呢？还是因为和我有亲的缘故才想让他获此殊遇呢？”于是百官极力陈说：“王莽功德之盛乃至出现了周成王时现白雉的祥瑞，千秋功业，同降符命。古代圣王的法制，臣子有大功劳者生前可享有美号，因此周公在世时可以用国号周作为自己的称号。王莽有谋定国本、安定汉室的大功劳，应当赐以安汉公的封号，加封户民，规定其子孙可以原原本本地继承他的爵位和封土，既依循古代体制，又遵照近代事例，以顺应天意。”太后下令让尚书记录下此事。

【原文】

莽上书言："臣与孔光、王舜、甄丰、甄邯共定策，今愿独条光等功赏，寝置臣莽，勿随辈列。"甄邯白太后下诏曰："'无偏无党，王道荡荡。'属有亲者，义不得阿。君有安宗庙之功，不可以骨肉故蔽隐不扬。君其勿辞。"莽复上书让。太后诏谒者引莽待殿东箱，莽称疾不肯入。太后使尚书令恂诏之曰："君以选故而辞以疾，君任重，不可阙，以时亟起。"莽遂固辞。太后复使长信太仆闳承制召莽，莽固称疾。左右白太后，宜勿夺莽意，但条孔光等，莽乃肯起。四人既受赏，莽尚未起，群臣复上言："莽虽克让，朝所宜章，以时加赏，明重元功，无使百僚元元失望。"太后乃下诏曰："大司马新都侯莽三世为三公，典周公之职，建万世策，功德为忠臣宗，化流海内，远人慕义，越裳氏重译献白雉。其以召陵、新息二县户二万八千益封莽，复其后嗣，畴其爵邑，封功如萧相国。以莽为太傅，干四辅之事，号曰安汉公。以故萧相国甲第为安汉公第，定著于令，传之无穷。"

【译文】

王莽上书说："臣与孔光、王舜、甄丰、甄邯共同谋定治国之策，如今希望只要上呈孔光等人的功劳赏赐就可以了，我的可以按下不表，无法和他们相提并论。”甄邯提议太后下诏令说：“‘没有偏私不结党，圣王之道才可坦荡。’对有亲属关系的人，不可在道义上有所偏私。阁下有辅助汉室的功劳，也不可以因有亲的缘故而按下不予以褒扬。您就不要再推辞了。”王莽还是上书辞让。太后命令谒者引导王莽在大殿的东厢房内等候，王莽托病不上殿。太后又让尚书令姚恂下诏说：“阁下因为国家要论功行赏的缘故而托病不出，您的责任重大，不可缺席，您还是赶紧出来主事吧。”王莽还是坚决推辞。太后又让长信太仆王闳奉旨召请王莽，王莽始终以病推辞。太后身边的大臣建议说，还是不要逼迫王莽改变心意了，只要罗列赏赐孔光等人的功劳，王莽便肯出来主事了。孔光等四人既已接受赏赐，王莽仍未上朝言事，百官又上书说：“王莽虽克己谦让，朝廷还是应当加以表彰，及时给予赏赐，以彰显重视元老首功之臣，不要让百官和百姓失望。”太后于是颁布诏书说：“大司马新都侯王莽在成帝、哀帝、平帝三朝担任三公辅政，执掌周公职权，制定了能裨益子孙万世的策略，功劳品德为众忠臣之首，教化盛行于国内，使偏远地方的人们也慕义而归，越裳氏辗转万里进献白雉。现以召陵县、新息县两处的二万八千家户民加封予王莽，规定他的子孙后代可以原封不动地继承他的爵位和封土，如同萧相国的先例那样封赏他的功勋。任命王莽为太傅，总秉四辅之事，封号为安汉公。将以前萧相国的府邸赐封为安汉公的府邸，以律令的形式规定下来，使传之子子孙孙，无穷无尽。”

【原文】

于是莽为惶恐，不得已而起受策。策曰："汉危无嗣，而公定之；四辅之职，三公之任，而公干之；群僚众位，而公宰之：功德茂著，宗庙以安，盖白雉之瑞，周成象焉。故赐嘉号曰安汉公，辅翼于帝，期于致平，毋违朕意。"莽受太傅安汉公号，让还益封畴爵邑事，云愿须百姓家给，然后加赏。群公复争，太后诏曰："公自期百姓家给，是以听之。其令公奉、舍人、赏赐皆倍故。百姓家给人足，大司徒、大司空以闻。"莽复让不受，而建言宜立诸侯王后及高祖以来功臣子孙，大者封侯，或赐爵关内侯食邑，然后及诸在位，各有第序。上尊宗庙，增加礼乐；下惠士民鳏寡，恩泽之政无所不施。语在《平纪》。

【译文】

于是王莽假装诚惶诚恐，身不由己才出来接受册封。策命说："汉室衰微，无人继承皇位，是阁下安定了局面；四辅的职责，三公的重任，是阁下承担了起来；朝中百官众官位，是阁下在统领；功勋盛大，德行显著，使汉室安定，出现白雉的祥瑞，有周公辅佐周成王的气象。因此赐封予'安汉公'的美号，辅佐皇帝，希望能使天下安定太平，不要辜负了朕的心意。”王莽接受太傅职位，“安汉公“的美号，辞让了加封户邑并把全部爵邑传给后代这两项赏赐，说是希望百姓家家自足之后，再接受这样的赏赐。各大臣又上书力争，太后下诏说：“您自己说要百姓家家自足方可受赏，那就听您的。应让俸禄、家臣、赏赐都各加一倍。等百姓家家自足后，大司徒、大司空就禀报上来。”王莽还是坚决辞让不接受，反而提议说应当封立那些没有功名的各诸侯王的子孙及高祖以来各功臣的后代子孙，最高可封至列侯，有的赐予关内侯的爵位和封邑，然后再到在位的各朝臣，使之各有其等级次序。在上尊宗重祖，增加礼仪和乐章；在下惠及士人、平民及鳏夫寡妇，使恩惠福泽无一不知，无所不及。这些在《平帝纪》中有记载。

【原文】

莽既说众庶，又欲专断，知太后厌政，乃风公卿奏言："往者，吏以功次迁至二千石，及州部所举茂材异等吏，率多不称，宜皆见安汉公。又太后不宜亲省小事。"令太后下诏曰："皇帝幼年，朕且统政，比加元服。今众事烦碎，朕春秋高，精气不堪，殆非所以安躬体而育养皇帝者也。故选忠贤，立四辅，群下劝职，永以康宁。孔子曰：'巍巍乎，舜禹之有天下而不与焉！'自今以来，惟封爵乃以闻。他事，安汉公、四辅平决。州牧、二千石及茂材吏初除奏事者，辄引入至近署对安汉公，考故官，问新职，以知其称否。"于是莽人人延问，致密恩意，厚加赠送，其不合指，显奏免之，权与人主侔矣。

【译文】

王莽已经在众臣中站稳了脚跟，又想独断专权，知道太后无心政务，于是暗示大臣们上书启奏说："以前，官吏凭功绩考核记录升任到二千石之职，以及州部上因在秀才举荐科目中表现特优而提拔的一些官吏，大多都不称职，应当由安汉公接见再进行考核。再说太后也不必亲自过问一些小事情。"于是让太后下诏说：

“皇帝年纪幼小，直到他加冠成年之前，我都会暂且代掌政权。如今政事繁琐，我年纪又大了，精力不够，恐怕不是保养身体和培育皇帝的办法。因此选用忠心贤良之人，设立四辅之臣，使百官都各尽其职，永保天下太平安宁。孔子说：‘圣王之道多么伟大啊，舜、禹治理天下，将政务都委托予贤臣，而不必事事躬亲。’从今以后，只有封官拜爵的大事来禀告我，其他的事情，都交由安汉公和四位辅臣来判断处理。州牧、二千石和秀才出身的官吏新近任命和要禀报政事的，就直接到旁近官署告知安汉公，由他处理，考核故有官吏，任命新的官职，仔细了解他们是否称职。”于是王莽一一接见询问，甚是周全细致，有功的便多加赏赐奖励，不合意的，就明明白白地上奏免职，其权力可以与国君相提并论了。

【原文】

莽念中国已平，唯四夷未有异，乃遣使者赍黄金币帛，重赂匈奴单于，使上书言："闻中国讥二名，故名囊知牙斯今更名知，慕从圣制。"又遣王昭君女须卜居次入侍。所以诳耀媚事太后，下至旁侧长御，方故万端。

【译文】

王莽见中原已经太平无事，边界外族也没有发生叛乱，于是派遣使者带着黄金重币、布帛绸缎，以重礼贿赂匈奴单于，让他上书给朝廷说："听闻中原轻贱名字为两个字的人，我原名囊知牙斯，现更名为知，是仰慕跟随圣朝的礼制。"又让王昭君的女儿须卜居次进宫随侍。王莽对太后极尽蒙蔽谄媚之能事，小到太后身边的随从侍者，手段变化无端，多种多样。

【原文】

莽既尊重，欲以女配帝为皇后，以固其权，奏言："皇帝即位三年，长秋宫未建，液廷媵未充。乃者，国家之难，本从亡嗣，配取不正。请考论《五经》，定取礼，正十二女之义，以广继嗣。博采二王后及周公孔子世列侯在长安者適子女。"事下有司，上众女名，王氏女多在选中者。莽恐其与己女争，即上言："身亡德，子材下，不宜与众女并采。"太后以为至诚，乃下诏曰："王氏女，朕之外家，其勿采。"庶民、诸生、郎吏以上守阙上书者日千余人，公卿大夫或诣廷中，或伏省户下，咸言："明诏圣德巍巍如彼，安汉公盛勋堂堂若此，今当立后，独奈何废公女？天下安所归命！愿得公女为天下母。"莽遣长安以下分部晓止公卿及诸生，而上书者愈甚。太后不得已，听公卿采莽女。莽复自白："宜博选众女。"公卿争曰："不宜采诸女以贰正统。"莽白："愿见女。"太后遣长乐少府、宗正、尚书令纳采见女，还奏言："公女渐渍德化，有窈窕之容，宜承天序，奉祭祀。"有诏遣大司徒、大司空策告宗庙，杂加卜筮，皆曰："兆遇金水王相，卦遇父母得位，所谓'康强'之占，'逢吉'之符也。"……太后许之。

【译文】

王莽的地位既已尊显贵重，希望能立女儿为皇后，以巩固自己的权力，上书进言说：“皇帝即位三年了，皇后之位仍空缺着，宫中嫔妃未满。从前，这就是国家的危难所在，先帝娶贫贱女为皇后，以致无子嗣继位。请以《五经》为参考论证，议定皇上的嫁娶婚礼，遵循古代帝王娶十二女的传统，以繁盛皇家子嗣。因此应广泛选取如今在长安的商、周朝后代及周公、孔子世家列侯的嫡长女进宫。”这件事交给了相关官吏办理，上报的众女名字中，王姓的女儿多在其册。王莽担心她们与自己的女儿竞争，于是上书说：“我自身没什么才德，女儿才分也不足，不适合与其他秀女一起被选入宫。”太后误以为这是他真挚诚恳之辞，于是下诏书说：“王姓的女儿，和我有亲属关系，还是不要选入宫了。”结果百姓、众儒生、侍从官以上官员守在宫门口上书进谏的每天达一千多人，公卿大臣、士大夫有的上朝觐见，有的在各地方官府，都说道：“诏令圣明，贤德宽广，安汉公的功勋如此繁盛堂正，如今要选立皇后，为何单单遗弃王莽的女儿呢？这样天下人要到哪里去容身立命呢！希望能选立安汉公的女儿为皇后。”王莽让长史以下官员分批告知公卿大臣及众儒生不要再上书进谏了，但上书的人反而越来越多。太后没有办法，只得听从大臣的意见选王莽的女儿入宫。王莽又自己要求说："还应该广泛选取其他女子进宫。"公卿大臣争辩道："不应选进其他女子而干扰了立王莽女为皇后的正统。"王莽说："那就看一下我的女儿吧。"太后派长乐少府、宗正、尚书令备礼前往相看，回来后上报说："安汉公的女儿具有良好品德，容貌娴静美好，适合继承皇家世系，奉行祭祀。"下令让大司徒、大司空策文祭告祖先，又用多种占卜方法卜知吉凶，都说道："卜得金水相生的吉兆，卦象天下于地，是得以配享之卦，正所谓'康强'之占，'逢吉'之天命啊。"……太后应允。

【原文】

四月丁未，莽女立为皇后，大赦天下。遣大司徒司直陈崇等八人分行天下，览观风俗。

【译文】

元始四年四月丁未，王莽的女儿被选立为皇后，大赦天下。派大司徒、司直陈崇等八人巡视天下，体察民情，观览民风。

【原文】

莽乃起视事，上书言：“……据元始三年，天下岁已复，官属宜皆置。《穀梁传》曰：‘天子之宰，通于四海。’臣愚以为，宰衡官以正百僚平海内为职，而无印信，名实不副。臣莽无兼官之材，今圣朝既过误而用之，臣请御史刻宰衡印章曰‘宰衡太傅大司马印’，成，授臣莽，上太傅与大司马之印。”太后诏曰：“可。韨如相国，朕亲临授焉。”莽乃复以所益纳征钱千万，遗与长乐长御奉共养者。太保舜奏言：“天下闻公不受千乘之土，辞万金之币，散财施予千万数，莫不乡化。蜀郡男子路建等辍讼惭怍而退，虽文王却虞芮何以加！宜报告天下。”奏可。宰衡出，从大车前后各十乘，直事尚书郎、侍御史、谒者、中黄门、期门羽林。宰衡常持节，所止，谒者代持之。宰衡掾史秩六百石，三公称“敢言之”。

【译文】

王莽于是出来主事，上书进言说：“……因元始三年间闹饥荒，如今天下大丰，所省去的一些官职理应恢复。《穀梁传》上说：‘天子的治化，遍及天下。’依照我不成熟的看法，宰衡官以统领百官、平定天下为己任，但是没有官印凭证，实在名不副实。我王莽没有做官的才能，如今圣朝不嫌弃我而任命以官职，我请求能让御史雕刻宰衡的印章，上面写明‘宰衡太傅大司马印’，刻成之后，赐予王莽，我再交上太傅与大司马的官印。”太后下诏说：“可以。佩戴上跟相国一样的印绶，我亲自赐予你。”王莽于是又把所应得的千万钱的赏赐，分散给长乐宫中侍奉太后的长侍侍从。太保王舜上书奏言：“天下人听说您不受封封国土地。辞让万金钱财，分散施舍财物数千万，没有不向往您的教化的。蜀郡人路建等人撤回诉讼惭愧而归，天下狱讼平息，即使是周文王治国，感化虞芮二国君惭愧而归也不过如此。理应告之天下，使人人尽知。”上奏被批准。宰衡外出时，前前后后的随从车辆各十辆，跟随的办事人员有尚书郎、侍御史、谒者、中黄门，又有期门羽林军护卫随从。宰衡常持有符节，止息时，由侍从代为相持。宰衡属吏的俸禄也在六百石，三公大臣禀告事务时口称“敢言之”。

【原文】

风俗使者八人还，言天下风俗齐同，诈为郡国造歌谣，颂功德，凡三万言。莽奏定著令。又奏为市无二贾，官无狱讼，邑无盗贼，野无饥民，道不拾遗，男女异路之制，犯者象刑。刘歆、陈崇等十二人皆以治明堂，宣教化，封为列侯。

【译文】

之前奉命去体察民间风俗的八个人回到京师，回报说天下风俗一片大好，并为各地方郡县、诸侯王国伪造歌谣，歌功颂德，总计达三万字。王莽将奏章按定，明著于令。又上报说市无二价，童叟无欺，官府没有诉讼喊冤的人，镇上没有鸡鸣狗盗之徒，郊外无挨饿受冻的难民，老百姓路不拾遗，夜不闭户，男女之间发乎情止乎礼，对待触犯法律的人也只是使用象征性的处罚而已。刘歆、陈崇等十二人也因治化清明，宣扬教化而被封为列侯。

【原文】

莽既致太平，北化匈奴，东致海外，南怀黄支，唯西方未有加。乃遣中郎将平宪等多持金币诱塞外羌，使献地，愿内属。宪等奏言：“羌豪良愿等种，人口可万二千人，愿为内臣，献鲜水海、允谷盐池，平地美草皆予汉民，自居险阻处为藩蔽。问良愿降意，对曰：‘太皇太后圣明，安汉公至仁，天下太平，五谷成孰，或禾长丈余，或一粟三米，或不种自生，或茧不蚕自成，甘露从天下，醴泉自地出，凤皇来仪，神爵降集。从四岁以来，羌人无所疾苦，故思乐内属。’宜以时处业，置属国领护。”事下莽，莽复奏曰：“太后秉统数年，恩泽洋溢，和气四塞，绝域殊俗，靡不慕义。越裳氏重译献白雉，黄支自三万里贡生犀，东夷王度大海奉国珍，匈奴单于顺制作，去二名，今西域良愿等复举地为臣妾，昔唐尧横被四表，亦亡以加之。今谨案已有东海、南海、北海郡，未有西海郡，请受良愿等所献地为西海郡。臣又闻圣王序天文，定地理，因山川民俗以制州界。汉家地广二帝三王，凡十三州，州名及界多不应经。《尧典》十有二州，后定为九州。汉家廓地辽远，州牧行部，远者三万余里，不可为九。谨以经义正十二州名分界，以应正始。”奏可。又增法五十条，犯者徙之西海。徙者以千万数，民始怨矣。

【译文】

王莽既已实现了太平，北方教化了匈奴，东边扩张到海外，南边对黄支实行怀柔政策，只剩西边未加施恩。于是派遣中郎将平宪等人携带大量金银财宝去诱降外族羌人，让他们进献土地，自愿归属汉朝。平宪等人回报说："羌族首领良愿治下的各部落，人口达一万二千人，愿意对汉称臣，进献鲜水海、允谷盐池，将平坦的土地、丰美的水草都给予汉人，自己住到险峻阻塞的地方作为天然屏障。询问良愿之所以归降的理由，回答说是：'太皇太后圣广开明，安汉公至仁至义，天下太平，五谷丰登，有的禾苗长到一丈多长，有的谷子一粒夯三颗米，有的甚至不需种植便可生长，有的不用养蚕便可生茧，润物的雨水从天而降，香甜的泉水自动涌出，凤凰慕义而来，神雀飞来聚集。四年以来，羌人没有遭遇过艰难困苦，因此心内欢喜愿意归属朝廷。'应当及时加以安置，设置附属国管理他们。"这件事交给王莽办理，王莽又上奏说："太后执掌政权好几年，恩惠福泽遍及各处，祥和瑞气充盈天下，绝地偏远之处，不同风俗的人们，没有不仰慕您的德义的。

越裳氏辗转进献白雉，黄支从三万里外进贡活犀牛，东夷王漂洋过海奉献国宝，匈奴单于顺应汉代礼制，改掉两个字的名字，如今西域良愿等部落又献出土地愿为臣仆，从前唐尧的声威遍及四方，也不过如此了。眼下按查我国已有东海郡、南海郡、北海郡，还没有西海郡，请接受良愿所献土地设置为西海郡。我又听说圣明的君王序列天文，划定地理，根据高山大川、民风习俗来划定州界。汉朝的领土比尧、舜和夏、商、周时期还要宽广，总共有十三个州，但州名及边界的划定大多不合经书所记。《尧典》上记载有十二个州，后来删定为九州。汉朝腹地辽阔，州刺史巡行最远可到达三万里外，不可只分为九个州。现谨慎地按照经书上的记载分为十二个州名和分界，以照应一个好的开始。”奏章被批准了。又增订了五十条法律，触犯的人便要被流放到西海郡去。被流放的人数以千万计，于是人民开始怨声载道了。

【原文】

泉陵侯刘庆上书言："周成王幼少，称孺子，周公居摄。今帝富于春秋，宜令安汉公行天子事，如周公。"群臣皆曰："宜如庆言。"

【译文】

泉陵侯刘庆上书进言说："周成王年幼，称为孺子，周公代其行政。如今皇帝年纪尚轻，以后的日子还很长，应当让安汉公代行天子职事，如同周公一样。"百官都说："是应当按刘庆说的办。"

【原文】

平帝疾，莽作策，请命于泰畤，戴璧秉圭，愿以身代。藏策金縢，置于前殿，敕诸公勿敢言。十二月平帝崩，大赦天下。莽征明礼者宗伯凤等与定天下吏六百石以上皆服丧三年。奏尊孝成庙曰统宗，孝平庙曰元宗。时元帝世绝，而宣帝曾孙有见王五人，列侯广戚侯显等四十八人，莽恶其长大，曰："兄弟不得相为后。"乃选玄孙中最幼广戚侯子婴，年二岁，托以为卜相最吉。

【译文】

平帝病重，王莽做祷告文辞，到泰畤庙为平帝祈求祓除疾病，保全性命，佩戴着玉璧，手持玉圭，希望能代替平帝去死。又将册文藏于金縢之中，放于前殿，告诫大臣们不能将此事泄露。十二月，平帝驾崩，大赦天下。王莽征召通晓礼仪的宗伯凤等人议定让全国俸禄在六百石以上的官吏都为平帝守丧三年。上书奏言尊奉孝成皇帝庙为统宗，孝平皇帝庙号为元宗。当时元帝后代世系已断绝，而宣帝的曾孙现有五人为王，列侯有广戚侯刘显等四十八人，王莽忌惮他们已长大成人，便说：

“兄弟之间不能称之为后代。”于是挑选玄孙中年龄最小的广戚侯的儿子刘婴作为继承人，年仅两岁，假托说为他占卜、看相是最吉利的。

【原文】

是月，前辉光谢嚣奏武功长孟通浚井得白石，上圆下方，有丹书著石，文曰“告安汉公莽为皇帝”。符命之起，自此始矣。莽使群公以白太后，太后曰：“此诬罔天下，不可施行！”太保舜谓太后：“事已如此，无可奈何，沮之力不能止。又莽非敢有它，但欲称摄以重其权，填服天下耳。”太后听许。舜等即共令太后下诏曰：“……今前辉光嚣、武功长通上言丹石之符，朕深思厥意，云‘为皇帝’者，乃摄行皇帝之事也。夫有法成易，非圣人者亡法。其令安汉公居摄践祚，如周公故事，以武功县为安汉公采地，名曰汉光邑。具礼仪奏。”

【译文】

这个月，前辉光谢嚣上奏说武功县令孟通疏导水井时挖到了一块白石，上面是圆形，下面是方形，石头上有丹砂书写着的文字，说是“昭告安汉公登基作皇帝”。符命之说从此就开始兴起了。王莽让百官把这件事禀告太后，太后说：“这是在欺瞒蒙蔽天下人，不可当真！”太保王舜对太后说：“事情已经到了如此地步，也别无他法，想要阻止是不可能的事情了。而且王莽也没有别的想法，不过是想公开宣称他是代行皇帝职权，以加重他的权力，好让天下人服从罢了。”太后听从了他的建议。于是王舜等人一起让太后下诏说：“……如今前辉光谢嚣、武功县令孟通上书说发现了写有丹书的白石符命，我认真地考虑了它的涵义，所说‘作皇帝’的意思，是指代行皇帝职权之事。事情有了法制就容易获得成功，如果不是圣人也不能创立法制。应当让安汉公登上皇位，代行天子职权，如同周公先例，以武功县作为安汉公的封邑，称之为汉光邑。制定出代行皇权应有的礼仪后便呈报上来。”

【原文】

于是群臣奏言："……臣请安汉公居摄践祚，服天子韨冕，背斧依于户牖之间，南面朝群臣，听政事。车服出入警跸，民臣称臣妾，皆如天子之制。郊祀天地，宗祀明堂，共祀宗庙，享祭群神，赞曰'假皇帝'，民臣谓之'摄皇帝'，自称曰'予'。平决朝事，常以皇帝之诏称'制'，以奉顺皇天之心，辅翼汉室，保安孝平皇帝之幼嗣，遂寄托之义，隆治平之化。其朝见太皇太后、帝皇后，皆复臣节。自施政教于其宫家国采，如诸侯礼仪故事。臣昧死请。"太后诏曰："可。"明年，改元曰居摄。

【译文】

于是百官上书进言说："……我们请求安汉公登位代行皇帝职权，穿天子服饰，戴皇帝礼帽，背后有执斧的武士立于门窗之间进行护卫，面向南面接受百官朝请，处理政事，他的车队出入时要严加戒备，百姓和官吏面对他都自称臣妾，一切都跟天子的规格一样。在郊外可祭祀天地，在大殿可祭祀列宗，在宗庙可与皇帝一起祭祀祖先，祭祀各种神灵，祭辞上写明是'假皇帝'，百姓和官吏都称他为'摄皇帝'，自称为

‘予’。判决处理朝廷政务时，以皇帝使用的诏书形式称为‘制’，从而顺应上天的心意，辅佐保卫汉室，保全孝平皇帝的年幼子嗣，完成托付幼主之责，振兴天下太平的教化。若是朝见太皇太后和王皇后时，他都要回复到为人臣子的身份。他在自己的官署、封国和采邑中可自行施行政令，按照诸侯国礼仪的成例办事。臣冒死请求。”太后下诏说：“可以。”第二年，改年号为居摄。

【原文】

四月，安众侯刘崇与相张绍谋曰："安汉公莽专制朝政，必危刘氏。天下非之者，乃莫敢先举，此宗室耻也。吾帅宗族为先，海内必和。"绍等从者百余人，遂进攻宛，不得入而败。

【译文】

居摄元年四月，安众侯刘崇与佐相张绍谋划说："安汉公王莽独断专权，把持朝政，必定会危及刘氏政权。天下非议的人很多，但都不敢率先起事，这是刘氏宗室的耻辱。我先率领宗族起义，国中必定有响应之人。"张绍等一百多人随从其事，于是进攻宛城，不得破城失败而归。

【原文】

群臣复白："刘崇等谋逆者，以莽权轻也。宜尊重以填海内。"五月甲辰，太后诏莽朝见太后称"假皇帝"。

【译文】

百官又上奏说："之所以有刘崇等谋反叛乱之人，是因为王莽权力太轻。应当增强他的权力以威震天下。"五月甲辰日，王太后下诏王莽朝见太后时自称"假皇帝"。

【原文】

期门郎张充等六人谋共劫莽，立楚王。发觉，诛死。

【译文】

期门郎张充等六人策动一起劫持王莽，拥立楚王为皇帝。事情败露，被处死。

【原文】

梓潼人哀章学问长安素无行，好为大言。见莽居摄，即作铜匮，为两检，署其一曰“天帝行玺金匮图”，其一署曰“赤帝行玺某传予黄帝金策书”。某者，高皇帝名也。书言王莽为真天子，皇太后如天命。图书皆书莽大臣八人，又取令名王兴、王盛，章因自窜姓名，凡为十一人，皆署官爵，为辅佐。章闻齐井、石牛事下，即日昏时，衣黄衣，持匮至高庙，以付仆射。仆射以闻。戊辰，莽至高庙拜受金匮神嬗。御王冠，谒太后，还坐未央宫前殿，下书曰：“予以不德，托于皇初祖考黄帝之后，皇始祖考虞帝之苗裔，而太皇太后之末属。皇天上帝隆显大佑，成命统序，符契图文，金匮策书，神明诏告，属予以天下兆民。赤帝汉氏高皇帝之灵，承天命，传国金策之书，予甚祗畏，敢不钦受！以戊辰直定，御王冠，即真天子位，定有天下之号曰新。其改正朔，易服色，变牺牲，殊徽帜，异器制。以十二月朔癸酉为建国元年正月之朔，以鸡鸣为时。服色配德上黄，牺牲应正用白，使节之旄幡皆纯黄，其署曰‘新使五威节’，以承皇天上帝威命也。”

【译文】

梓潼人哀章在长安求学，一向品行不端，喜欢说大话。见王莽代行皇帝职权，于是便做了个铜制柜子，贴上两张题签，一张写着“天帝行玺金匮图”，另一张写着“赤帝行玺某传予黄帝金策书”。所谓“某”，是高皇帝的名字。策书上说王莽是真命天子，皇太后应遵循天意。金匮图和策书上都写明了王莽的八位大臣，又取了两个好名字叫王兴和王盛，哀章也把自己的名字掺杂在里面，这样总共有十一个人，都标明了官职和爵位，作为辅佐之臣。哀章听说出现了新井和巴郡的石牛事件，于是在当天的黄昏，穿着黄衣服，拿着金匮来到高帝祠庙，把它交给了仆射。仆射将它上报。初五这天，王莽到高皇帝庙接受天神命令高皇帝禅让的金箱子。戴上王冠，去拜见王太后，回来坐在未央宫的前殿，颁布诏书说：“我没什么品德，幸赖是最原始的祖先黄帝的子孙，皇始祖先虞帝的后裔，又是太皇太后的亲属。上天大加庇佑，继承皇命，顺其正统，天降符命图文，金匮策书，神明把意思昭告得很明白，将天下万民托付于我。赤帝汉高皇帝显灵，秉承上天的命令，传下金匮策书给我，我非常敬畏，不敢不恭恭敬敬地接受！于戊辰日这天选定吉时，戴上皇帝王冠，登上真天子之位，享有天下，定国号为新。应当重新修订历法，变更车马、服饰的颜色，改变祭祀用的牲畜的毛色，改换旗帜上的标志，改换祭器、礼器的样式。以十二月初十为建国元年正月第一天，把丑时作为这一天的开始。车马、服饰应与国家的土德相配而崇尚黄色，祭祀的牲畜对应正月建丑使用白色，使者节符的旗帜上采用纯黄色，更名为‘新使五威节’，以秉承皇天上帝威严的命令。”

【原文】

始建国元年正月朔，莽帅公侯卿士奉皇太后玺韨，上太皇太后，顺符命，去汉号焉。

【译文】

始建国元年正月第一天，王莽率领公卿大臣、士大夫捧着皇太后的御玺，呈献给太皇太后，以顺应符命所说，去掉了汉朝的名号。

【注释】

孝元皇后：汉元帝刘奭的皇后王政君，生成帝刘骜。

九侯：指元帝、成帝时外戚王氏中封侯位的王禁、王谭、王崇、王商、王立、王根、王逢时、王音和王莽。

五大司马：指王凤、王音、王商、王根和王莽。

蚤：即“早”。

乘：凭借，凭借贵戚的身份、权势。

礼经：指《周礼》或《仪礼》，儒家经书《五经》之一。

被：穿着。

敕备：修整严谨。

阳朔：汉成帝的年号，公元前24年—公元前21年。

世父：伯父。

射声校尉：官名，掌待诏射声的武官。

商：王商，成帝时任大司马辅政四年。

侍中：加官名，从列侯以下至郎中的加官。加此官者可侍卫皇帝，出入宫廷。

胡骑校尉：官名，为管理归附的胡人骑兵的武官。

上谷：郡名，今河北怀来东南。

南阳：郡名，今河南南阳。

新野：县名，今河南新野。

都乡：乡名。

恧：惭愧。

诸曹：汉成帝时尚书令下设尚书五人，一人为仆射，四人分为四曹，通称诸曹。

休沐：古代官吏每五日允许其回家休息沐浴，称为休沐。代指休假。

竟：周遍。

太夫人：古代对贵族官僚母亲的尊称。通常只有父亲已死，才能如此称呼。此指王莽的母亲。

比客罢者数起焉：等到客人散去时王莽已多次起身去看望过太夫人。

朱子元：即朱博。官至御史大夫、丞相，封阳乡侯，后有罪自杀。

此儿种宜子：这个女婢的血统宜于生养后代。

淳于长：西汉魏郡元城人，封定陵侯，生活腐化。后被王莽告发，下狱死。

先进：显贵较早。

曲阳候根：王莽的叔父王根。成帝时任大司马骠骑将军辅政五年。

绥和：汉成帝最后一个年号，公元前8年—公元前7年。

四父：指王凤、王商、王音、王根。分别为王莽的伯父或叔父。

邑钱：封邑的赋税收入。

蔽膝：系在衣服前面护膝的围裙。

僮使：奴仆，使女。

哀帝：刘欣。成帝的侄儿，立为太子，继承皇位。在位7年。

太皇太后：对皇帝祖母的尊称，此指王太后。

外家：指哀帝祖母家傅氏和母家丁氏。

尚书令：官名，掌文书奏章。汉武帝后，职权渐重。

移病求退：指上书言病，或因病而移居。

著：昭显。

大司空：官名，地位仅次于丞相。汉代在丞相空缺时，由大司空递补。成帝时改御史大夫为大司空。

何武：蜀郡人，历任廷尉、大司空，后被王莽等陷害。

师丹：琅邪东武人，历任大司马、大司空。

傅喜：河内温县人，傅太后从弟。后任大司马，封高武侯。

定陶：西汉诸侯王国名，今山东定陶。

傅太后：河内温县人，汉元帝的昭仪，定陶王刘康的生母。史称孝元傅皇后。元帝死后，称定陶太后。哀帝即位，上尊号为帝太太后，后改皇太太后。

丁姬：哀帝母亲，尊称为帝太后。

未央宫：汉代宫殿名，旧址在今陕西西安西北郊。

内者令：官名，宫中侍从的长官。

幄：用布张设四周，合围成宫室模样。

坐：通“座”。

藩妾：古称诸侯国为藩国。傅太后为元帝妃子，定陶为诸侯国名，故称之为藩妾。

恚：愤怒，怨恨。

中黄门：门官，在内廷当值，多为太监。此句谓使黄门在王莽家中为使令。

黄邮聚：地名，今河南南阳内。

见礼：大臣或外宾觐见天子的礼仪。

绿车：皇孙所乘之车。天子出行，令王莽乘此车跟从，以见恩宠。

尊尊：前一个“尊“为动词，后一个为名词。指前为傅太后、丁姬上尊号一事。

爵土：爵位与封土。

遣就国：命令由京师回到封国，以示惩罚。

中子获：长子、少子中间的儿子王获。

元寿：汉哀帝年号，公元前2年—公元前1年。

宛孔休：姓孔名休，宛县人。

自纳：主动结交。

玉具宝剑：用美玉装饰的宝剑。

瑑：玉器上凸出的雕纹。

贾：同“价”。即有价值。

玺：秦以后，特称皇帝的印。

符节：古代朝廷传达命令或征调军队的凭证。

期门兵：皇帝的卫兵。汉武帝时设，平帝时改称虎贲郎。

彭宣：淮阳阳夏人，官至大司空。后见王莽专权，辞官不出。

王舜：王音的儿子。继承父爵，为辅政大臣。王莽建国后，任太师，位居上公。

中山王：刘衎。中山王刘兴之子，汉成帝的侄子，哀帝的堂弟。

称制：汉以后，太后代行皇帝职权的代名词。

赵氏：成帝宠妃赵飞燕、赵合德。二人曾将成帝宫女曹宫人和许美人所生的两个男婴杀死。

傅氏：哀帝的祖母傅太后。曾用尊号皇太太后，死后，以皇太后的礼仪下葬，坟墓规模与元帝相等。骄僭骄横僭越。

孝哀傅皇后：哀帝皇后傅氏，傅太后堂弟傅宴的女儿。

三主：指成帝、哀帝、平帝三朝。

甄邯：孔光的女婿，依附王莽。王莽建国后，任大司马，位居三公。

说：同“悦”，喜欢。

傅致：强加罪名，罗织入罪。

为言误朝：妄加称誉，迷惑朝廷。

官婢：没入官籍的奴婢。

吕氏、少帝：惠帝时吕后专权，惠帝死后，她取后宫美人子，冒称太子，立为皇帝（即少帝）。

襁褓：借指未满周岁的婴儿。

比世无嗣：指成帝、哀帝都没有子嗣继位。比，连续、频频。

王邑：王商的儿子，继承父爵为成都侯。王莽建国后，任大司空，位居三公。

主击断：掌纠察、弹劾、审判等职权。

领机事：统管机密的军政大事。

刘歆：西汉沛郡沛县人，刘向的儿子。继承父业，研习经学，著名的经学家、目录学家、天文学家，著有目录学著作《七略》。

益州：郡名，今云南晋宁东。

蛮夷：此指越裳氏。

畴其爵邑：指在他死后，子孙继承爵邑不减少。

汉制：功臣封邑每传一代，减少十分之二的户民，对有殊勋者可“畴其爵邑”。

萧相国：指萧何。泗水沛县人，辅佐刘邦打天下，建汉后，任相国。

无偏无党，王道荡荡：不偏私不结党，圣王之道公正广大。

谒者：官名，掌傧赞事宜，属郎中令。

箱：通“厢”。

恂：姚恂。王莽建国后，封为初睦侯。

选：国家要褒扬其善行，论功行赏。

亟：急也。

长信太仆：官名，专管太后车马。

闳：王闳，王谭的儿子。

重译：辗转翻译。意谓路途遥远，语言不通，极尽辗转才可呈献。

召陵：县名，今河南郾城。

新息：县名，今河南息县。

定著于令：明确以律令的形式规定下来。

为：通“伪”，假装。

周成象：谓王莽致白雉之瑞，有周公辅佐周成王的气象。

家给：家家自足。给，足也。

奉：通“俸”，俸禄。

舍人：私府的官吏，家臣。

倍故：比原来的数目多加一倍。

以闻：上奏，禀报。

说：同“悦”，取悦。

厌：厌倦，厌烦。

功次：官吏经过考察的功绩记录。

异等：西汉举荐人才的科目中有秀才，后改称茂材，其中特优者称异等。

加元服：古代男子成年举行的加冠礼。

春秋：指年龄。

除：任官授职。

延问：接见询问政事。

侔：等齐，并列。

四夷：古代对边远各族的泛称。包括东夷、西戎、南蛮、北狄。

赍：把东西送人。

讥二名：古代人名大多只用一个字，表字才用两个字。认为二名非礼也。

故名：原先的名字。囊知牙斯：匈奴乌珠留单于的名字。

王昭君：原名王嫱，南郡秭归人。汉元帝时入宫，为和亲远嫁匈奴呼韩邪单于。生一子二女。西汉元帝时和亲宫女，与貂蝉、西施、杨玉环并称中国古代四大美女。

须卜居次：王昭君的长女，名云。

进耀：欺骗，蒙蔽，

长御：随从侍者，多为宦官。

长秋宫：西汉皇后所居宫殿名，代指皇后。

液：通“掖”，宫掖，宫廷。

媵：古代有随嫁制度，随嫁的人称为媵妾。

本从亡嗣：指汉成帝无子嗣继位，选定哀帝继位之事。

取礼：嫁娶之礼。取，同“娶”。

十二女之义：相传从夏朝开始，帝王娶十二女为后妃。

二王后：指商、周的王族后代子孙。適：通“嫡”，正妻所生的子女。

天下母：皇后。

贰正统：干扰王莽女儿当选皇后的地位。

宗正：官名，掌皇族及外戚宗族事务，九卿之一。

纳采：古代婚姻礼仪中的一项。古代婚姻仪式有“六礼“：纳采、问名、纳吉、纳征、请期、亲迎。

窈爽：娴静貌，美好貌。

天序：皇族的世系。

金水王相：占卜认为金水相生，此为吉兆。

卦：故人阴阳两爻组合变化成卦象，共六十四卦。

四月丁未：元始四年（公元4年）。

陈崇等八人：为王恽、阎迁、李翕、陈崇、郝党、谢殷、逯普、陈凤八人。

官属宜皆置：先前闹饥荒，官职皆省去，今为丰年，应当恢复原有职位。

宰衡官：阿衡和太宰，皆官名。商朝有阿衡，掌辅导帝王。周代有太宰，亦辅佐帝王，为百官之长。元始四年，拜王莽为宰衡，位上公。

韨：古代系玉玺的丝带。

长乐长御：太后之长御也。

千乘之土：相当于小国的封土。千乘，战国时指拥有一千乘兵车的国家，泛指小国。

乡：通“向”。

蜀郡：郡名，今四川成都。

惭怍：羞愧。

直事：跟随办事，值班。

期门、羽林：皆为西汉宫廷禁军。期门掌执兵宿卫，羽林军护卫皇帝。

持节：拿着旄节。节，符节，使者所持的信物。

敢言之：汉代属吏对上级长官报告政事时的套语。

市无二贾：市场统一定价。言民风纯真，童叟无欺。

象刑：象征性的惩罚。相传古代以一定颜色和式样的衣服象征惩处，而不动用真刑。

黄支：古代远方国名。

羌：我国古部族名，今甘肃、青海一带。

良愿：羌族首领名。

鲜水海：湖名，今青海湖。

允谷：地名，今青海湖东南。

皇：同“凰”。

爵：通“雀”。

处业：安置，安身立命。

属国：附属国。汉代在郡国边界设附属国管理外族事务，由都尉监管。

四表：四方边远地方。

案：通“按”，考查，按查。

二帝：指上古的唐尧、虞舜两位帝王。

三王：指夏禹、商汤、周文武王三代君王。

十三州：据《汉书·地理志》分别为冀、幽、并、兖、青、徐、扬、荆、豫、凉、益、交趾、朔方十三个地区。

尧典：《尚书》中的篇章名。

九州：指《禹贡》九州：冀、克、青、徐、扬、荆、豫、梁、雍。

行部：汉代制度，州刺史要定期巡视本州，监察官吏，审查

刘庆：西汉诸侯王，汉景帝的玄孙。

居摄：因皇帝年幼不能亲政，由大臣代居其位处理政务，谓

"居摄"。

作策：在简册上写祷告文辞。

泰畤：汉代时祭祀天地的地方，今陕西淳化甘泉山。

金縢：置放册书的金匮。

敕诸公勿敢言：此为仿效周公为武王请命，做金縢以自代旧事也。

宗伯凤：王莽建国后，任太子太傅。服丧三年：臣为君守丧三年由此开始。

统宗：汉成帝的庙号。

见王五人：分别为淮阳王刘縯、楚王刘纡、中山王刘成都、东平王刘开明、信都王刘景。

婴：刘婴。王莽摄政时的傀儡，王莽建国后被废，后被方望等拥立为皇帝，又被刘玄部将杀死。

前辉光：官名。王莽把京城附近地区划分为前辉光和后丞烈两个郡，管理郡的官吏也称为前辉光。

武功：县名，今陕西眉县内。

竣：疏通，治理。

沮：阻止，制止。

践祚：登上皇帝宝座。

采地：以官受地。

袚：此指朝觐或祭祀时所穿的服饰。

斧：武士，指皇帝护卫。

户牖：门窗。

警跸：古代帝王出入时，于所经路途侍卫警戒，清道止行。

赞：指祭祀时的言辞。

假皇帝：与“摄皇帝“同义，为代理皇帝职权的意思。

遂：成也。

帝皇后：指汉平帝的王皇后。

官：安汉公所居官署。

家：王莽府邸。

国：指新都侯国。

海内：古代认为我国疆土西面为海所环抱，故称国境内为海内。

期门郎：官名，统帅期门兵的长官。平帝时改名为虎贲郎。

楚王：楚王刘纡，汉宣帝曾孙。

梓潼：县名，今四川梓潼。

哀章：广汉梓潼人。王莽建国后，位居上公。

铜匮：铜制的柜子。

检：题签，题注。

行玺：皇帝的一种玺。

赤帝：汉高祖刘邦斩白蛇起义。汉代一直流传着高皇帝为赤帝子的迷信传说。

黄帝：哀章附会当时迷信传说为王莽起的帝号，以配赤帝。

图书：指上文的金匮图和金策书。

窜：掺杂，更改。

仆射：官名，掌高庙事务。

黄帝：姓姬，号轩辕氏，有熊氏。传说中的五帝之一，我国中原各民族的首领。与炎帝蚩尤战于涿鹿，击杀蚩尤，成为各部落首领。

末属：卑贱的亲属。

符契：符命。指上天预示帝王受命的征兆。

服色：车马、服饰的颜色。

牺牲：祭祀时用的牲口。

徽帜：旗帜的标志。

器制：祭器、礼器的样式。

鸡鸣为时：汉代原把夜半（即子时）作为一天的开始，王莽改用以鸡鸣（即丑时）作为一天的开始。

旄幡：用牦牛尾装饰的旗帜。

五威：五方天地的威命。东方青帝、南方赤帝、西方白帝、北方黑帝、中央黄帝。

皇太后玺韨：王莽给王太后重新制定的御玺，号为“新室文母太皇太后”。